Monika Krumbach

# *Schmuckpapiere leicht gemacht*

## Kleister-, Batik- und Stempeltechnik
## Mit Anwendungsbeispielen

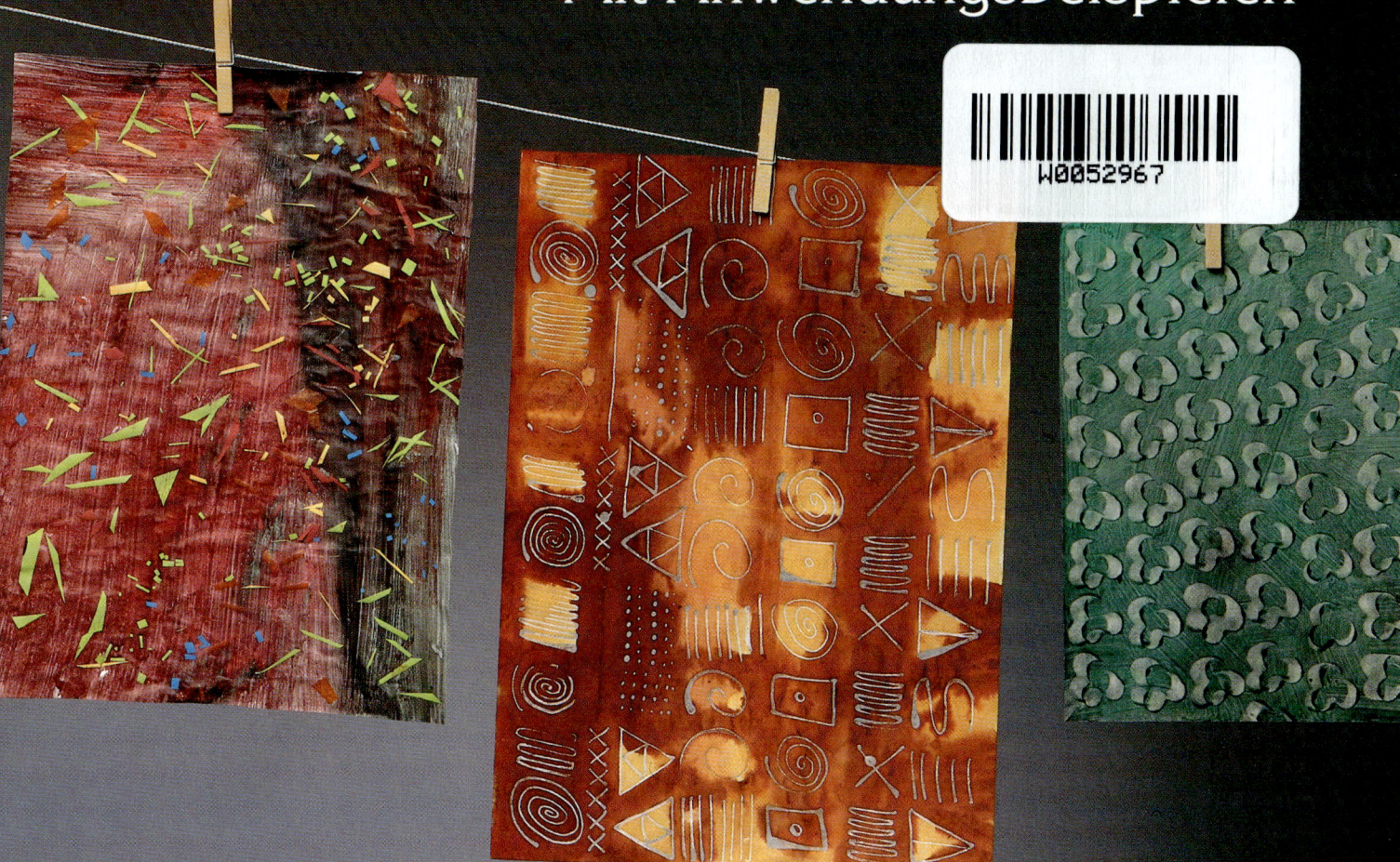

Augustus Verlag

# Inhalt

# Einleitung

Bunte Papiere werden seit Jahrhunderten für die unterschiedlichsten Verwendungszwecke hergestellt. Die berühmten chinesischen, türkischen und persischen Marmorpapiere benutzte man zunächst als Schreibpapier für Dokumente und zum Buchbinden. Bei uns kamen ab der Renaissance bunt gefärbte Papiere als Bezüge für Kisten und Truhen, besonders aber als Einbände für die immer zahlreicher erscheinenden Bücher in Gebrauch. Die Techniken wurden ausgefeilter. Handwerker, Manufakturen und später ganze Fabriken übernahmen die Produktion. Neben Stempelpapieren waren die besonders haltbaren Kleisterpapiere sehr beliebt. Sie wurden vor allem als „Herrnhuter Papiere" – nach der religiösen Gemeinschaft, die sie ab etwa 1764 in großer Perfektion herstellte – bekannt.

Sie lernen in diesem Buch neben Kleister- und Stempelpapier auch die besonders farbintensive Papierbatik kennen. Alle geschilderten Verfahren sind ohne großen Aufwand nachzuarbeiten. Sie kombinieren wirkungsvolle traditionelle Techniken und neuartige Muster. Die handwerklichen Möglichkeiten nutzen Sie zu lebhaften Farbkombinationen und zeitgemäßen Designs.

Gehen Sie ganz locker an die großformatigen, schnell gemachten Papiere heran. Immer spielen Zufall und Spontaneität bei der Gestaltung eine wichtige Rolle. Gerade dies macht den Reiz der Buntpapiere aus.

Auch Kinder aller Altersstufen finden die ihnen gemäßen Techniken. Sie können – teils unter Anleitung – fast alle im Buch geschilderten Verfahren ohne weiteres nacharbeiten. Sonderkästen zeigen zusätzlich, was Kindern besonderen Spaß macht.

Das letzte Kapitel enthält schließlich Anregungen zur Weiterverarbeitung der Papiere – von einfachen Klebe- und Faltarbeiten bis zum professionellen Buchbinden. Die erstaunlich haltbaren Überzüge verleihen dem Alltag zusätzliche Farbtupfer. Mit einfachsten Mitteln können Sie Ihre Umgebung individuell gestalten.
Viel Spaß beim Ausprobieren!

# Kleisterpapiere

Kleisterpapiere entstehen, indem Papier mit einer farblich kontrastierenden dünnen Kleisterschicht eingestrichen wird. Mit mechanischen Hilfsmitteln wie Kämmen und Druckstempeln entfernt man den Kleister an einzelnen Stellen wieder. Der Untergrund tritt hervor. Dadurch ergeben sich die vielfältigsten Musterungen.

Ursprünglich wurde meist einfarbig blauer oder roter Kleister auf weißem Grund verwendet. Die Herrnhuter Papiere zeichneten sich durch eine Kombination von jeweils zwei bis drei kunstvollen Mustern aus. Freie Designs und mehrere Farben pro Bogen passen aber ebenfalls ausgezeichnet zu dieser Technik. Der Kleister trocknet zu einer festen, haltbaren Schicht auf. Deshalb werden die Papiere besonders gern als unempfindliche Bezüge verwendet.

# Was alles gebraucht wird

## Papier

Am besten verwenden Sie große Bogen (DIN-A3 und größer) in relativ festen Qualitäten. Für erste Proben und Faltarbeiten eignet sich Schreibmaschinen- und Packpapier, auch Umweltschutzpapier. Beim Basteln mit Kindern und für Experimente können ruhig auf der Rückseite bedruckte alte Poster und Plakate benutzt werden. Strukturierte Papiere wie Ingrespapier ergeben sanfte Zwischentöne, was manchmal einen besonderen Reiz hat.

Für Buchbinderarbeiten ist festes Zeichen- oder Tonpapier zu empfehlen.

Je glatter und härter die Papieroberfläche ist, desto weniger dringt der Kleister ein und desto exakter und gestochener wirken die Muster. Beschichtete oder stark glänzende Papiere eignen sich nicht, da sie überhaupt keinen Kleister aufnehmen. Die getrocknete Schicht würde abblättern.

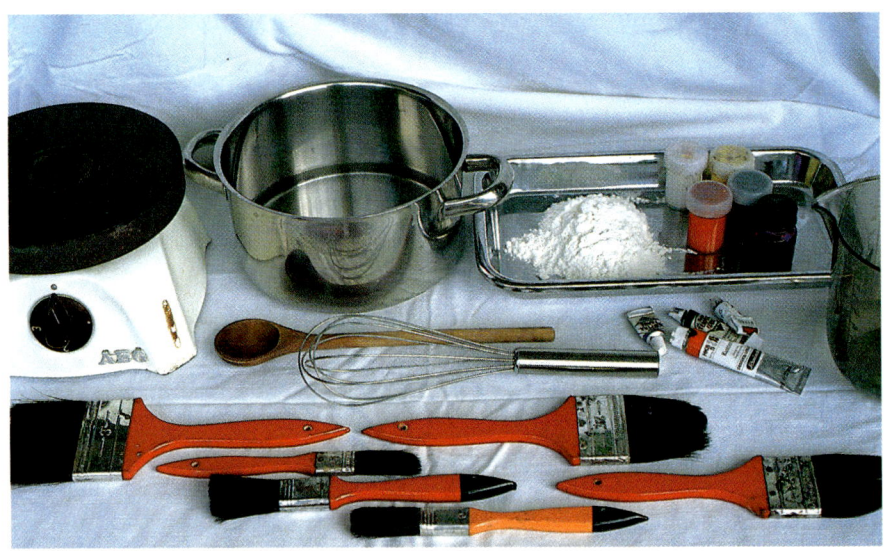

○ 30 g Speisestärke mit knapp 0,1 l kaltem Wasser verrühren, bis sich alle Klumpen aufgelöst haben
○ 0,5 l Wasser in einem Kochtopf zum Sieden bringen
○ den Stärkebrei in das kochende Wasser einrühren
○ Topf sofort vom Herd nehmen, nicht weiterkochen
○ den Brei gut mit dem Schnee-besen schlagen
○ abkühlen lassen (dabei öfter umrühren) und Farbe einrühren

Falls sich trotz Rühren Klümp-chen gebildet haben, den Brei durch ein Küchensieb abgießen. Klebrige Töpfe bekommt man übrigens sauber, indem man die Kleisterreste in kaltem Wasser einweicht. Dann lassen sie sich in einer Schicht abziehen.

# Kleister

Sie können zwar fertig angerühr-ten Tapetenkleister verwenden, aber der neigt zu Rissen und Sprüngen. Selbstgekochter Klei-ster bringt schönere Ergebnisse. Die beiden folgenden Rezepte funktionieren gleich gut.
Sie brauchen sich nicht sklavisch genau an die Mengenangaben zu halten. Ob man den Brei etwas dicker oder dünner verarbeiten möchte, ist Geschmackssache. Wenn Sie sehr dünnflüssige Far-ben zum Einfärben verwenden, sollte er dicker sein als bei einer dicken Farbpaste.

### Mehlkleister
○ 60 g Weizenmehl (Type 405) in 0,2 l kaltem Wasser gut ver-rühren
○ 0,5 l Wasser in einem Kochtopf zum Sieden bringen
○ Mehlbrei einrühren und etwa 5 Minuten auf kleiner Flamme köcheln lassen; dabei ständig mit dem Schneebesen umrühren
○ abkühlen lassen (dabei öfter umrühren) und Farbe einrühren

## Farben

Zum Einfärben des Kleisters eignen sich praktisch alle kräftigen wasserlöslichen Farben wie Tuschen, Tinten, Wasser- und Temperafarben, Deckweiß, Goldbronze und Lasurfarben. Auch Batikfarben mit ihrer intensiven Leuchtkraft können Sie verwenden. In diesem Fall wird das Pulver direkt in den kochend heißen Kleister eingerührt.

Ob Sie viel oder wenig Farbe für satt deckende oder sanft lasierende Anstriche einrühren, bleibt Ihrem Geschmack überlassen. Nach einigen Versuchen werden Sie Ihre Vorlieben herausgefunden haben.

## Pinsel

Der zähe Brei wird am besten mit flachen Borstenpinseln aufs Papier gestrichen. Besondere Pinselqualität ist nicht erforderlich. Am besten besorgen Sie sich ein preisgünstiges Sortiment in Breiten zwischen etwa 1,5 und 6 cm. Nach Möglichkeit sollte für jede Kleisterfarbe ein eigener Pinsel verwendet werden, damit man zwischendurch nicht immer auswaschen muß. Nach der Arbeit lassen sich die Pinsel mit kaltem Wasser einfach reinigen.

## Musterwerkzeuge

Die Möglichkeiten sind bei der Beschreibung der einzelnen Mustertechniken ausführlicher dargestellt. Grundsätzlich verwenden Sie Ritzwerkzeuge (Kämme und Pappkämme, Holzstäbchen und Pappstreifen, trockene Borstenpinsel) und stempelartige Hilfsmittel (Holzmodeln, Kartoffelstempel, Schwämmchen, Gummirollen), die Sie selbst anfertigen oder im Haushalt vorfinden.

# Wie es gemacht wird

Ihren Arbeitsplatz richten Sie am besten in der Nähe eines Waschbeckens auf einer geräumigen Tischfläche ein. Eine dicke Schicht Zeitungspapier, möglichst auf einer alten Plastiktüte oder -tischdecke, schützt die Unterlage. Darüber breiten Sie nochmals eine Lage glatt verteiltes Zeitungspapier, auf die Ihr Papier aufgelegt wird und die an den Rändern mindestens eine Handbreit größer als das Papier sein muß. Noch besser eignet sich ein glattes Emailblech, starke Plastikfolie oder ähnliches.

Kochen Sie Kleister nach einem der vorgeschlagenen Rezepte. Die angegebene Menge reicht jeweils für etliche Bogen aus. Verteilen Sie den abgekühlten Brei auf kleine Gefäße wie Joghurtbecher oder Edelstahlschüsseln, wenn Sie mehrere Farben verwenden wollen. Rühren Sie mit Holzstäbchen die Farben ein, bis sie gleichmäßig verteilt sind.

Legen Sie das Papier glatt auf die vorbereitete Unterlage. Tragen Sie den Kleister mit einem breiten Pinsel gleichmäßig auf. Führen Sie den Pinsel immer gerade in dieselbe Richtung. Wenn die Pinselspuren sichtbar sein sollen, genügt ein Anstrich. Wollen Sie eine gleichmäßig gefärbte Oberfläche, streichen Sie anschließend die ganze Fläche quer zur ersten Streichrichtung mit dem Pinsel ab, ohne ihn noch einmal in die Farbe zu tauchen.

Achten Sie darauf, daß Sie immer über die Papierränder hinaus auf die Zeitung streichen, damit Sie keine unschönen Ränder auf dem Papier erhalten. Auch den überschüssigen Kleister streichen Sie vom Papier auf die Zeitung.

Ritzen Sie probeweise mit einem Streichholz in den Kleister. Wenn die entstandene Rille wieder zusammenfließt, ist der Kleister zu dick aufgetragen. Dann können Sie entweder mit dem Pinsel etwas Kleister abnehmen, oder Sie lassen die ganze Schicht vor der weiteren Bearbeitung leicht antrocknen.

Jetzt können Sie beginnen, die Muster zu gestalten. Arbeiten Sie dabei zügig, damit der aufgestrichene Kleister nicht trocknet, bevor Sie fertig sind. Ein großer Vorteil der Kleisterpapiere: Wenn Ihnen ein angefangenes Muster

trocknen und polieren Sie anschließend mit einem Wollappen in kreisenden Bewegungen nach. Papier für Mappen und andere Gegenstände, mit denen man oft in Berührung kommt, sollte nur mit einem umweltverträglichen, ungiftigen Mittel (meist auf der Basis von echtem Bienenwachs) behandelt werden.

Eine besonders haltbare Oberfläche erhalten Sie, wenn Sie die fertigen Papiere mit einer dünnen Schicht Weißleim (Bastelleim) betupfen. Der Leim wird beim Trocknen hart und durchsichtig.

nicht zusagt, ist der Brei meist noch so weich, daß Sie einfach mit dem Pinsel erneut darüberstreichen und nochmals von vorne beginnen können.

Lassen Sie die fertigen Bogen auf Zeitungspapier mehrere Stunden trocknen. Dabei werden sie mehr oder weniger wellig.

Um die Papiere wieder glatt zu bekommen, ziehen Sie sie in alle Richtungen gerade und schräg über eine Tischkante. Perfektionisten bügeln sie von hinten kurz mit einem lauwarmen Bügeleisen. Beim Aufkleben oder Buchbinden verschwinden die Wellen von selbst.

Kleisterpapiere sind einigermaßen unempfindlich. Sie können ohne weitere Behandlung verwendet werden. Durch zusätzliches Polieren erhalten sie aber eine glänzende Oberfläche. Reiben Sie die getrockneten Papiere nach Belieben mit einem feinen Lappen hauchdünn mit Bohnerwachs ein. Lassen Sie die Schicht

# Die Muster – und wie sie entstehen

Kleisterpapiere können grundsätzlich durch wechselnde Farbgebung sowie durch Strukturierung gestaltet werden. Das Reizvolle an dieser Technik ist, daß die Muster fast dreidimensional wirken. Die Möglichkeiten sind nahezu unbegrenzt. Wie Sie auf den folgenden Seiten sehen, lassen sich mehrere Techniken gut miteinander kombinieren.

## Einfach gestrichene Papiere

Tragen Sie eine oder mehrere Farben mit dem Pinsel auf. Eine dezente Musterung erreicht man durch die Art der Pinselführung (z. B. gerade oder wellenförmig). Je härter der Pinsel, desto deutlicher zeichnen sich die Strichlinien ab. Die Borsten können auch dicht an dicht getupft werden, was eine wolkenartige Struktur ergibt.

## Wolkenmuster

Zwei gleich große Bogen Papier streichen Sie einfarbig oder jeweils in mehreren Farben ein. Legen Sie sie sofort mit der Kleisterseite aufeinander, streichen sie glatt und ziehen sie wieder auseinander. Diese traditionelle Technik ergibt ebenfalls wolkenartige Muster. Solche Papiere wurden früher gern als einfache Buchbezüge verwendet.

## Strukturpapiere

Die fertig eingestrichene einfarbige oder bunte Oberfläche wird mit zerknülltem Papier, einem großporigen Schwamm oder Plastiknetzen abgetupft. Hier ist ein weites Feld für Experimente.

## Rieselmarmor

Auch diese Technik hat eine lange Tradition. Der fertig mit Kleister eingestrichene Bogen wird schräg über ein Waschbecken gehalten. Mit Hilfe eines Pinsels oder Schwämmchens lassen Sie Wasser tropfenweise oder in dünnen Rinnsalen darüberlaufen. Die Kleisteroberfläche reißt dabei unregelmäßig auf, teilweise ergeben sich Muster ähnlich einer Holzmaserung.

## Fingermuster

Mit dem Finger werden regelmäßige Wellenlinien gezogen, Punkte eingedrückt oder freie Muster gestaltet. Da die Finger den Kleister nicht vollständig verdrängen, ergeben sich dezente Schnörkel. Auch kleine Kinder haben schon Spaß an dieser Technik.

13

### Breite Bänder

Besonders großzügig und „fetzig" wirken breite Bahnen, bei denen der Kleister nicht ganz verdrängt und somit die Farbe nur heller wird. Dazu führen Sie eine kleine Gummirolle, wie sie für den Linoldruck verwendet wird, über das eingekleisterte Papier.
Als Untergrund sollten mehrere Farben zusammen verwendet werden.

### Ritzmuster

Mit Holz- oder Plastikspießen werden in ein- oder mehrfarbig eingestrichenem oder vorstrukturiertem Kleister skizzenartige Muster eingeritzt. Bei sehr dünnen Linien muß der Kleister vorher leicht antrocknen. Auch Buchstaben und Schreibschrift lassen sich reizvoll einsetzen. Schreiben Sie zum Beispiel für einen Bucheinband Titel oder Autor mehrmals in den Kleister.

### Abklatsch

Ein dick eingestrichener und mit Ritzmuster versehener Bogen wird mit der Kleisterseite auf einen frischen Bogen Papier gelegt. Wenn Sie mit der Hand mehrmals darüberstreichen, überträgt sich das Ritzmuster wie bei einer Monotypie auf den neuen Bogen.

## Stempel

Drückt man einen Stempel in den feuchten Kleister, so verdrängt er an der entsprechenden Stelle die Farbe, der Untergrund kommt durch. Gleichzeitig sammelt sich an den Musterrändern zusätzlicher Kleister, so daß die Ränder dunkler werden als die Grundfläche. Sehr lebhafte Musterungen lassen sich erreichen, je nachdem, ob Sie die Stempel dicht an dicht setzen oder unregelmäßig verteilen.

Sie können zu diesem Zweck Holzstempel kaufen, die eigentlich für Stoffdruck gedacht sind, oder Sie stellen sich Kartoffelstempel her: eine feste Kartoffel halbieren, auf der ebenen Schnittfläche ein Ornament anzeichnen, mit einem scharfen Messer die Markierungen nachschneiden und die nicht druckenden Zwischenflächen ausheben. Zusätzliche Effekte erzielen Sie, wenn Sie die Stempel vor dem Aufdrucken in kontrastierenden Farben einstreichen. Auch Baumblätter mit starken Adern sowie auf Holzklötze geklebte Schnurstücke lassen sich wie Stempel verwenden.

## Plätzchenmuster

Plätzchenformen wie Sterne oder Herzen werden in den aufgestrichenen Kleister gedrückt und um ein bis zwei Millimeter verschoben, so daß sich ihre Form abbildet. Auf diese Art lassen sich größere Flächen schnell einheitlich gestalten. Zwischendurch den überschüssigen Kleister von den Formen wischen!

## Kleistern auf Holz

Nicht nur auf Papier hält der Kleister. Auch Gegenstände aus Pappe und Holz können Sie problemlos damit gestalten. Wählen Sie sinnreiche Kombinationen, z. B. eine zur selbst bezogenen Schreibmappe passend gemusterte Holzkiste für die Schreibutensilien. Oder kleistern Sie – ebenfalls passend zur sonstigen Schreibtischumgebung – rohe, unlackierte Holzbleistifte ein.

Fixieren Sie dazu den Gegenstand so, daß die gesamte Fläche auf einmal behandelt werden kann. Stecken Sie zum Beispiel Bleistifte mit der Spitze in eine Kugel Knetgummi. Bestreichen Sie die Oberfläche dünn mit dem kräftig eingefärbten Kleister und ritzen Sie die Muster direkt ein.

# Kamm- und Spachtelmuster

Die bekannteste und meist auch ergiebigste Technik erlaubt zahllose Variationen. Verwenden Sie für zarte Muster einen normalen Plastikkamm, der sehr feine Linien einritzt. Für dickere Linien eignen sich selbstgemachte Pappkämme. Aus festem Karton wird ein Rechteck mit geraden Kanten geschnitten. Jede Kante bekommt mehr oder weniger breite „Zähne". Für einzelne Linien verwenden Sie Pappstreifen in unterschiedlichen Breiten.

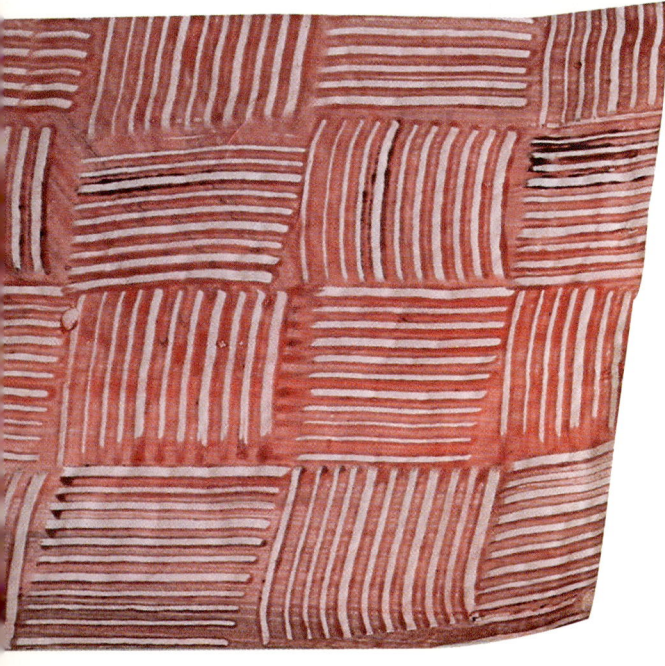

Um gestochen scharfe Muster zu erreichen, streichen Sie das Papier zunächst mit einer sehr dünnen farblosen Kleisterschicht ein. Erst wenn diese leicht angetrocknet ist, kommt der farbige Kleister darüber.

Kämme und Spachtel werden fast rechtwinklig über das eingekleisterte Papier gezogen. Zwischendurch muß der abgenommene Kleister immer wieder auf einem Zeitungsstreifen vom Kamm abgestrichen werden,

damit das Muster nicht verschmiert.
Kämme dienen zum Herstellen von Wellenlinien, Spiralen oder konzentrischen Kreisen. Mit einem Spachtel werden Streifen, Vierecke oder Kreissegmente aus

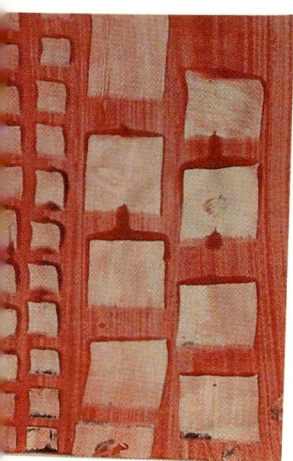

19

dem Kleister herausgenommen. Um Schmetterlingsmuster zu gestalten, drehen Sie den Spachtel um die eigene Achse. Mehrere Musterarten übereinander ergeben ganz raffinierte Designs. Sie werden beim Arbeiten feststellen, daß auch Reihenfolge und Zugrichtung eine Rolle spielen. Zieht man erst mit einem Kamm dünne Wellen, kann man anschließend mit einem Spachtel saubere Vierecke herausnehmen.

Spachtelt man dagegen erst die Vierecke und zieht anschließend mit dem Kamm darüber, bilden sich kleine Zähne an den Viereck-Rändern. Wie Sie aus Grundformen kompliziertere Muster zusammensetzen können, sehen Sie auf den Fotos.

Auch figürliche Muster wie Schnecken, Schleifen, Muscheln, Wolken und Vogelfedern lassen sich mit Kämmen nachbilden. Für die Muscheln ziehen Sie den Kamm bogenförmig über das Papier, wobei die eine Kante einen kleinen, die andere einen größeren Bogen beschreibt.

# Doppelmuster

Lassen Sie einen fertig gemusterten Bogen trocknen und bringen Sie Kleckse oder Streifen von einer oder mehreren weiteren Kleisterfarben auf. Diese mustern Sie auf andere Art. Für exakten Kleisterauftrag werden Schablonen aus Pappe geschnitten, die Sie auf die erste Farbschicht legen. Die lebhaften Designs eignen sich sehr gut zum Beziehen von Mappen und Schachteln. (Foto Seite 19).

## Farbenwahl

Das einfachste Kleisterpapier lebt von seinen starken Kontrasten. Auf weißem Hintergrund wird eine dunkle Farbschicht aufgebracht. Auch die Umkehrung – heller, mit Deckweiß gefärbter Kleister auf dunklem Papier – ist reizvoll.

Für schlichte Ritzmuster empfiehlt sich oft ein lebhafter Hintergrund aus mehreren kontrastierenden oder sanft aufeinander abgestimmten Farben, die ineinander verschwimmend aufgetragen werden. Sehr unterschiedliche Wirkungen ergeben sich auch durch deckend oder durchscheinend eingefärbten Kleister. Für lasierende Effekte mischt man Batikfarben (in Pulverform) in den noch heißen Kleister.

### Sprenkeln

Der eingestrichene oder fertig bearbeitete Papierbogen erhält eine zusätzliche Musterung mit Farbpunkten. Dazu tauchen Sie eine alte Zahnbürste in flüssige Farbe und streifen mit dem Finger über die Borsten, so daß die Tröpfchen aufs Papier spritzen.

### Streifenmuster

Zwei oder mehr Farben werden streifenweise aufgetragen – dicht an dicht oder mit etwas Abstand dazwischen. Mustern Sie nun die ganze Fläche einheitlich oder auch jeden Streifen für sich. Der Untergrund bleibt teilweise sichtbar.

### Applikationen

Da Kleister ein Klebstoff ist, lassen sich für künstlerische Effekte die verschiedensten Objekte wie dünne Fäden, Papierschnipsel oder sogar flache Steinchen in die Kleisterpapiere einbauen. Sie werden einfach auf die noch feuchte Fläche gelegt und angedrückt.

Die roten dreieckigen Schnipsel auf dem mittleren Papier werden aus einem alten Katalog zurechtgeschnitten.

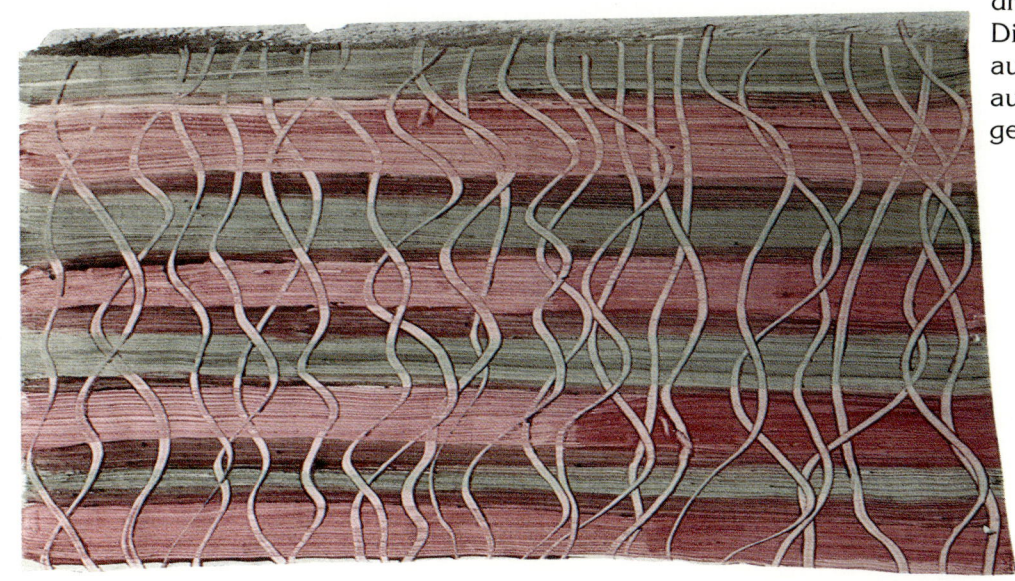

23

## Bunte Untergründe

Meine Lieblingstechnik besteht darin, farbigen Kleister auf einen vorgefärbten Untergrund aufzutragen. Das Papier wird zuerst mit bunter Tusche, Wasserfarben oder flüssigen Batikfarben gestreift oder bunt bekleckst. Nachdem die Farben trocken sind, folgt das übliche Einkleistern und Mustern. Tusche und

satt aufgetragene Temperafarben
ergeben die leuchtendsten Effekte. Wasserfarben als Untergrund
vermischen sich leicht mit dem
feuchten Kleister, die Kontraste
treten weniger stark hervor.

25

# Erdpapiere

Für ganz urtümliche, geschmackvolle Naturpapiere läßt sich der Kleister gut mit Erdpigmenten einfärben. Da Kleister selbst völlig umweltfreundlich ist, paßt dies ausgezeichnet zur Technik. Der Brei wird durch die aufgenommenen Teilchen schwer und massig, die fertigen Arbeiten haben eine starke, angenehme Struktur.

Zum Färben eignen sich fein durchgesiebte trockene Erden, die in unterschiedlichen Farben vorkommen. Grobfaserige, mit organischen Partikeln durchsetzte Gartenerde allerdings ist kaum brauchbar.

Die Erde wird direkt in den abgekühlten Kleister gemischt. Ein noch größeres Farbspektrum liefert feiner Töpferton oder Lehm. Beides wird mit etwas Wasser zu einem dicken Brei verrührt. Mischen Sie so viel davon in den Kleister, daß die Schicht gerade deckend ist. Der Ton wird beim Trocknen etwas heller. Erdpapiere wellen sich durch die größere Masse beim Trocknen stärker als normale Kleisterpapiere. Verwenden Sie also möglichst starke Papierbogen.

Die getrocknete Kleisterschicht verliert zuerst ein paar Körner, wenn man darüber streicht, und sollte kräftig abgeschüttelt werden. Insgesamt hält das Papier aber gut – selbst bei komplizierten Klebearbeiten mit scharfen Kanten. Interessant abgestimmte Erdpapiere passen als Überzug für ein Schachtelset ins naturnahe Wohnzimmer oder als Bezug zu Blocks und Schreibheften aus Umweltschutzpapier.

Sogar „japanische Gärten" lassen sich mit dunklem Erdkleister gestalten. Die Kleisterschicht wird mit einem Pappkamm „geharkt". In den noch feuchten Kleister werden kleine Steine eingedrückt.

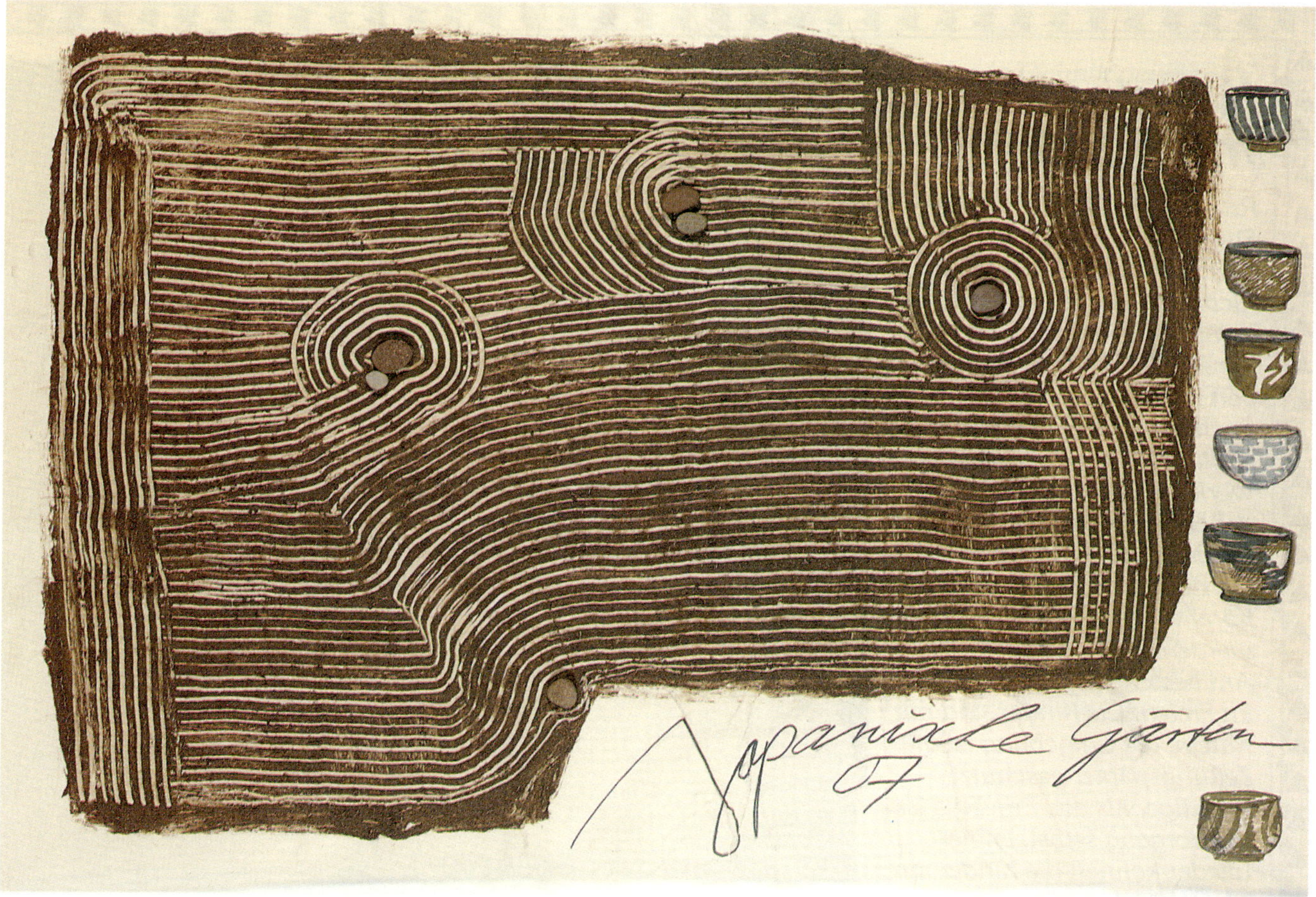
Japanische Gärten
07

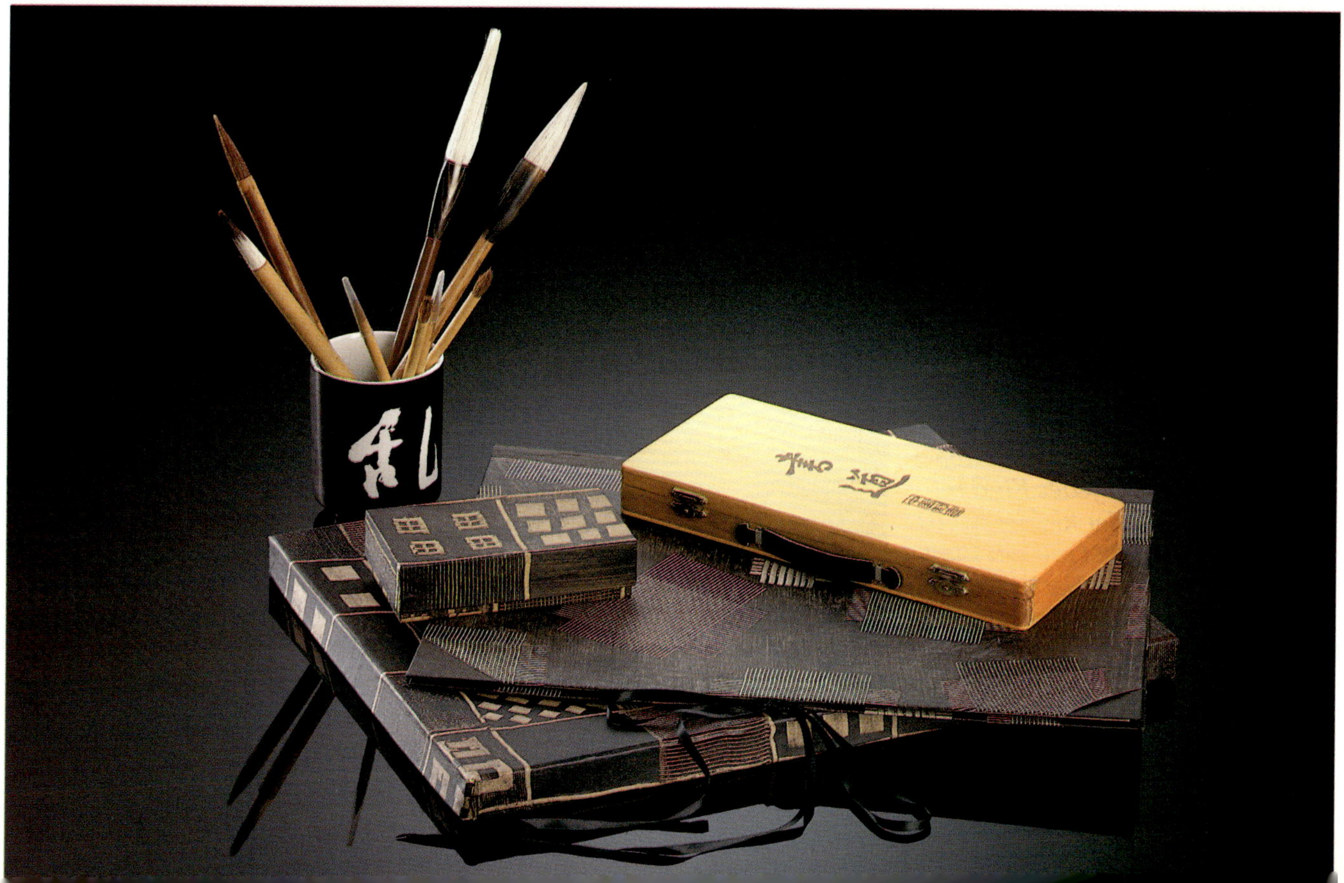

# Batikpapiere

Das Grundprinzip der Batik besteht darin, die Papieroberfläche teilweise mit wasserabweisenden Stoffen (Wachs, Fett) abzudecken und anschließend mit wäßriger Farbe zu behandeln.

Die Ornamente bleiben dabei in der Farbe des Untergrundes erhalten. Diesen Vorgang kann man mehrmals wiederholen. Dabei lebt die Technik von ihren intensiven, leuchtenden Farben.

Im Gegensatz zur Stoffbatik, bei der genau auf die Reihenfolge der Farbaufträge geachtet werden muß und nur bestimmte Farbkombinationen möglich sind, können auf Papier selbst Komplementärfarben nebeneinander stehen.

In diesem Kapitel sind alle Techniken zusammengefaßt, die mit flüssigen, leuchtenden Farben auf Papier ausgeführt werden können, auch wenn sie nicht unter den eigentlichen Begriff „Batik" fallen. Es lohnt sich, gleich mehrere nacheinander auszuprobieren, da sie dieselbe Sorte Farben erfordern.

## Was alles gebraucht wird

### Papier

Die wäßrigen Farben verlangen feste, aber dennoch saugfähige Papiere. Bedenken Sie, daß die Farbe des Untergrundes immer durchscheint. Dunkles Papier ist also ungeeignet. Wählen Sie weiße oder pastellfarbige Bogen.

Für rustikalere Arbeiten nehme ich sehr gerne naturweißes oder hellbraunes Packpapier (besser Rollen als geknickte Einzelbogen). Auch großformatiges Zeichenpapier oder Poster-Rückseiten können verwendet werden. Für Lampenbezüge und Laternen benötigen Sie festes Butterbrot- oder Pergamentpapier, das einen Teil des Lichts durchläßt und die Farben besonders zum Leuchten bringt.

Die beschriebenen Techniken lassen sich sogar auf fertig gekauften japanischen Ballonlampen anwenden. Tragen Sie die Farben allerdings nicht zu stark auf das dünne Papier auf, damit es nicht reißt.

## Abdeckmaterial

Zum Aussparen der Muster benötigen Sie Speiseöl oder Wachs. Ob Sie fertiges Batikwachs (eine Mischung aus echtem Bienenwachs und Paraffin/-Stearin) kaufen oder helle Kerzenreste einschmelzen, ist unerheblich. Wichtig ist, daß Ihr

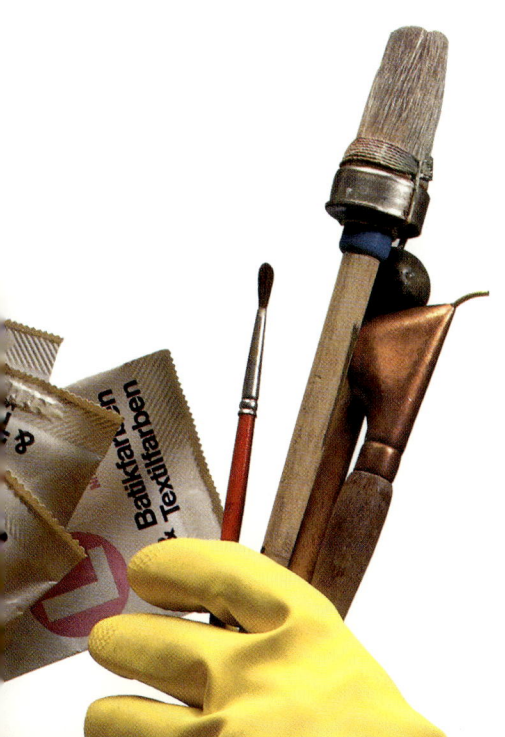

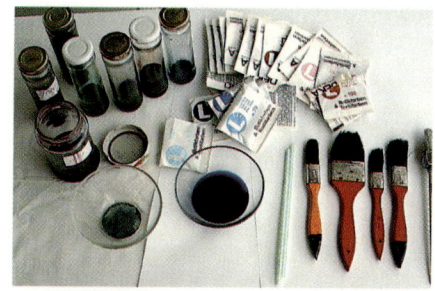

Wachs einen Teil Bienenwachs enthält, da es bei zu dickem Auftrag weniger leicht bricht als Paraffin.

## Farben

Die besten Ergebnisse erzielt man mit intensiven, leuchtenden Batikfarben. Tuschen und bunte Holzlasuren sind noch kräftiger, aber auch entsprechend teuer und nicht immer ungiftig (keinesfalls für Kinder geeignet!). Farben für Stoffbatik werden in Pulverform gekauft und – meist zusammen mit etwas Salz – in kochendem Wasser gelöst. Bereiten Sie mehrere Farben nach den Herstelleranweisungen zu. Da sie sehr ergiebig sind, reicht meist ein halber Teelöffel Pulver auf eine große Tasse Wasser. Rühren Sie sie also etwas dicker an als für Stoffbatik. Verdünnen können Sie bei Bedarf mit Wasser. Machen Sie zwischendurch immer eine Probe. Beim Trocknen werden die Farben etwas heller. Alle Farben lassen sich untereinander mischen.

Ein Nachteil der intensiven Farben: Farbspritzer an Wänden und auf der Kleidung sind kaum wieder zu entfernen.
Beim Vorbereiten der Farben empfiehlt es sich, Gummihandschuhe zu tragen. Reste von Batikfarben lassen sich in Schraubgläsern oder Flaschen einige Monate aufbewahren.

## Kochplatte

Zum Erhitzen des Wachses eignet sich eine einzelne elektrische Kochplatte, die auf kleinster Stufe betrieben werden kann. Füllen Sie das Wachs in einen alten Kochtopf. Achtung: Niemals die Platte zu heiß werden lassen! Überhitztes Wachs könnte sich entzünden.

## Geräte zum Auftrag des Wachses

Bei der traditionellen Stoffbatik wird das flüssige Wachs meist mit einem kleinen Metallkännchen an einem langen Holzstiel, dem Tjanting, in feinen Linien auf den Stoff aufgetragen. Geübte können diese Methode auch auf Papier anwenden.
Für schnelles, großflächiges Arbeiten sind aber großzügigere Techniken besser geeignet: Verwenden Sie Pinsel in unterschiedlichen Breiten zum Auftragen und Aufspritzen des heißen Wachses. Pinsel benötigen Sie auch zum Einfärben des Papiers.

## Weitere Hilfsmittel

Metallgitter, Schnüre und gepreßte Blätter sind weitere nützliche Hilfsmittel. Auf sie wird an entsprechender Stelle hingewiesen.

## Wie es
## gemacht wird

Decken Sie zunächst Arbeits-
flächen und Umgebung mit einer
dicken Lage Zeitungspapier ab.
Direkt unter die Papierbogen
legen Sie am besten eine alte
Plastiktüte, damit die Zeitung
nicht durchweicht.

Stellen Sie die fertig angerührten
Farben sowie ein paar Gläser
oder Joghurtbecher zum Mischen
zurecht, ebenso die benötigten
Geräte.
Decken Sie die Stellen, die nicht
gefärbt werden sollen, mit Wachs
ab. Färben Sie die ganze Fläche
großzügig mit der wäßrigen Farbe ein. Benutzen Sie dazu breite,
weiche Pinsel.

Lassen Sie die fertigen Papiere
auf einer dicken Lage Zeitungspapier einige Stunden trocknen.
Wellig gewordene Papiere werden
über einer Tischkante in alle
Richtungen glatt gezogen oder
zwischen mehreren Lagen Zei-

tungspapier lauwarm gebügelt. Papiere mit Wachs können Sie nach Belieben zwischen saugfähigem Papier etwas stärker bügeln, so daß das Wachs großenteils aufgesaugt wird.

Allerdings verteilt es sich dabei weiter im Papier, die Ränder werden dunkler, das Ergebnis verliert an Leuchtkraft. Ich behandle meine Papiere daher meist nicht nach, sondern lasse die dünne Wachsschicht stehen.
Genau wie beim Kleisterpapier können Sie die fertigen Papiere mit Fußbodenwachs zum Glänzen bringen und haltbarer machen. Da die flüssige Farbe das Papier beim Färben ganz durchdringt, sind Batikpapiere aber auch ohne diese Nachbehandlung ausreichend abriebfest.

# Die Muster – und wie sie entstehen

## Farbenspiele

Streichen Sie die flüssigen Farben mit einem breiten Pinsel so aufs Papier, daß sie ineinander verlaufen. Dabei ergeben sich zahlreiche Gestaltungsmöglichkeiten durch neben- und übereinander aufgebrachte Farbkombinationen und Aussparungen. Wenn Sie auf Recycling- oder billigem Packpapier arbeiten, können Sie mit dieser Methode in kurzer Zeit einen ganzen Vorrat ausgefallener Geschenkpapiere herstellen. Brauchen Sie kleinere Farbreste für diesen Zweck auf.

## Spinnenbilder

Bringen Sie einen Tropfen Farbe aufs Papier und blasen Sie durch einen Strohhalm fest darauf. Dabei fließt die flüssige Farbe in alle Richtungen, es ergeben sich spinnenartige Muster. Mehrere Farben können nebeneinander verwendet werden. Bevor Sie mit der nächsten „Spinne" beginnen, sollte die zuvor entstandene jedoch trocknen, da die Farbe sonst an den Verbindungsstellen schmiert. Die Technik macht besonders Kindern ab dem Schulalter Spaß.

## Sprenkeln

Ein Bogen Papier wird unter ein altes Kuchengitter oder ähnliches gelegt. Mit einer in die Farbe getauchten Zahnbürste fahren Sie immer wieder über das Gitter. Die abspritzenden Tröpfchen sprenkeln die ganze Papieroberfläche. Kleinere Flächen können Sie nur mit Zahnbürste oder steifborstigem Pinsel mustern, indem Sie mit dem Finger von unten nach oben an den Borsten entlangfahren.

Variieren Sie diese Technik, indem Sie mehrere Farben neben- oder übereinander sprenkeln. Mit Schablonen, die auf das Papier aufgelegt werden, lassen sich Teile der Papieroberfläche insgesamt oder bei einzelnen Farben aussparen. Die Schablonen werden aus Kartonresten geschnitten.

## Tuschezeichnungen

In die noch feuchten Batikfarben werden mit schwarzer oder grauer Tusche mit einer feinen Zeichenfeder großzügige Muster gezeichnet. Die Tuschelinien fransen mehr oder weniger stark aus. Die Technik lebt von den Kontrasten zwischen bunter, flächiger Batikfarbe und deckenden, dünnen schwarzen Linien, die an den Rändern verlaufen.

## Abdrucke

Bei dieser Methode sollten Sie Gummihandschuhe tragen, da Sie immer wieder direkt mit den Farben hantieren. Schneiden oder reißen Sie Fetzen von unterschiedlich strukturierten Baumwoll- und Gitterstoffen zurecht. Färben Sie das Papier vor. Den Stoff tauchen Sie in kontrastierende, dunklere Batikfarben,

drücken ihn etwas aus und legen ihn auf den noch feuchten Papierbogen. Wenn Sie ihn leicht andrücken, überträgt sich die Form und manchmal auch die Struktur des Stoffes aufs Papier. Jeder Fetzen kann nach dem Tränken mehrmals aufgedrückt

werden. Besonders intensive Abdrucke ergeben sich, wenn Sie Papier und Stoff mit Zeitungspapier bedecken und eine Zeitlang beschweren.
Statt der Stoffetzen können Sie auch getränkte Schnur und Baumwollgarn verwenden. Damit lassen sich Schlangenlinien und Kringel auf das Papier drucken.

## Wachsbatik

Auf dem gut mit Zeitungspapier geschützten Arbeitsplatz wird ein Bogen Papier ausgebreitet. Farben und Pinsel liegen bereit: breite Borstenpinsel für den Farbauftrag, alte Flachpinsel für das Wachs.

Füllen Sie Batikwachs oder eine Mischung aus Bienenwachs und Kerzenresten in einen alten Kochtopf. Stellen Sie nach Möglichkeit eine einzelne Kochplatte direkt an Ihrem Arbeitsplatz auf. Sie darf nirgends im Weg stehen und auch nicht zu nahe an das Papier kommen.

Erwärmen Sie das Wachs langsam auf der Platte. Behalten Sie es immer im Auge, damit es nicht zu dampfen oder sogar zu brennen anfängt! Bei längeren Arbeiten können Sie die Platte zwischendurch ausstellen.

Tauchen Sie einen Pinsel in das heiße Wachs und machen Sie auf einem Papierrest eine Probe. Wenn Sie das Wachs aufpinseln, muß es dünnflüssig ins Papier eindringen. Ist es noch zu kalt, liegt es zu dick auf der Oberfläche. Dann bricht es später oder blättert sogar ab. Führen Sie immer nur kleine Striche aus und tauchen den Pinsel dann wieder neu ein. Die richtige Wachstemperatur einzuhalten ist etwas heikel, doch nach zwei oder drei Proben werden Sie ein Gefühl dafür bekommen.

Tragen Sie das Wachs mit dem Pinsel in regelmäßigen Strichen auf. Auf diese Weise gestalten Sie Ornamente. Sehr reizvoll sind auch Zufallsmuster wie große Wachskleckse oder über das schräg gehaltene Papier laufende Wachstropfen, wobei Sie auch Gittermuster erzeugen können.

Übrigens: Für Kinder ist die Methode mit dem heißen Wachs nicht geeignet!

Wenn alles Wachs getrocknet ist, streichen Sie das Papier in einer oder mehreren Batikfarben ein und lassen es wiederum trocknen. Die gewachsten Stellen haben die Farbe des Papiers behalten.

Sie können den Vorgang wiederholen, indem Sie weitere Wachsmuster auf das gefärbte Papier aufbringen und nun eine zweite, dunklere Batikfarbe darüberstreichen. Die zuletzt gewachsten Stellen behalten die Farbe des ersten Färbedurchgangs. Auf diese Weise können Sie mehrere Farbschichten übereinanderlegen. Wenn Sie mehrere Färbedurchgänge planen, beginnen Sie mit der hellsten Farbe. Bedenken Sie aber, daß sich alle nacheinander aufgetragenen Farben miteinander vermischen. Wenn Sie zuerst Gelb und dann Rot auftragen, erhalten Sie beim zweiten Durchgang ein dunkles Orange. Wenn Sie mit Hellrot beginnen und für den zweiten Durchgang Blau wählen, wird die zweite Farbschicht lila.

Im Unterschied zur Stoffbatik brauchen Sie nicht die ganze Fläche einheitlich zu färben, sondern können mehrere Töne nebeneinander setzen oder auch Teile der Oberfläche aussparen.

## Ölbatik

Statt mit Wachs läßt sich die Papieroberfläche teilweise auch mit Speiseöl imprägnieren. Tragen Sie es mit einem feinen Pinsel auf besonders saugfähiges Papier auf und lassen Sie es etwas einziehen. Das weitere Vorgehen entspricht dem bei der Wachsbatik. Diese Technik erlaubt zwar eine feinere Linienführung, dagegen sind die Muster nicht so scharf abgegrenzt und wirken an den Rändern etwas ausgefranst.

## Wachsmalkreiden

Mit bunten Wachsmalkreiden werden Muster aufs Papier gemalt und mit kontrastierender Farbe überstrichen. An der Kreide perlt die Farbe ab. Mit dieser Technik erhält man lebhaft gemusterte Papiere, die allerdings nicht sehr griffest sind und sich nur bedingt zum Beziehen von Gebrauchsgegenständen eignen.

39

## Blätterabdrucke

Diese Technik wird am besten mit Pastellfarben oder den weiter unten beschriebenen Naturfarben ausgeführt. Sie liefert mit etwas Übung sehr schöne Ergebnisse. Sie benötigen Blätter von Bäumen oder Wiesenblumen – frisch oder gepreßt – mit möglichst starker Aderung. Nicht alle Arten eignen sich gleich gut. Manche sind saugfähig und liefern sehr feine Abdrucke, andere übertragen nur das Adersystem. Verwenden Sie die Blätter jeweils für mehrere Abdrucke nacheinander, denn je stärker sie mit Farbe getränkt sind, desto besser werden die Resultate.

Streichen Sie zwei gleich große Papierbogen in ähnlichen Farben ein. Färben Sie einige Blätter etwas dunkler und legen Sie sie auf einen der Bogen. Auch ungefärbte Blätter können Sie verwenden. Klappen Sie den anderen Papierbogen mit der gefärbten Seite darüber. Darauf kommt eine Lage Zeitung und alte Zeitschriften oder ähnliches zum Beschweren.

Je nachdem, wie dick oder dünn Sie die Farbe auf Papier und Blätter auftragen, erhalten Sie fließendere oder schärfere Abdrucke. Auch die Preßdauer – zwischen wenigen Minuten und einigen Stunden – verändert die Ergebnisse stark.

Wenn Ihr Papier auf beiden Seiten gefärbt sein soll, streichen Sie die Rückseite des zweiten Bogens ebenfalls mit Farbe ein, legen weitere Blätter und anschließend den nächsten gefärbten Bogen darauf. Auf diese Weise können Sie einen ganzen Stapel Papierbogen zum Pressen übereinander legen. Nehmen Sie die Bogen anschließend einzeln ab, die Sie auf ausgebreitetem Zeitungspapier trocknen. Nach dem Trocknen werden sie über einer Tischkante glattgezogen.

Die Methode eignet sich hervorragend, um Briefpapier in zarten Naturtönen herzustellen. Ohne viel Aufwand färben Sie eine größere Menge weißes Schreibmaschinen- oder Umweltschutzpapier auf beiden Seiten ein. Es läßt sich hinterher mit Tinte beschreiben, ohne daß die Schrift verläuft. Aus einseitig gefärbten Papierbogen, ebenfalls im DIN-A4-Format, können Sie passende Briefumschläge kleben (siehe Schnittschema auf Seite 62). Ein Briefpapier-Set mit Umschlägen – noch dazu in einer passend bezogenen Mappe – ist ein wunderbares Geschenk. Man kann immer einige Sets auf Vorrat bereithaben.

# Naturfarben

Ähnlich wie Batikfarben lassen sich auch Naturfarben verwenden, die man selbst herstellen kann. Dies ist besonders für Kinder ein zusätzliches Vergnügen und lohnt sich, wenn größere Papiermengen gestaltet werden sollen. Die meisten Zutaten finden sich im Haushalt oder werden auf der Wiese gesammelt. Kochen Sie Pflanzenteile mit wenig Wasser aus, und Sie erhalten mehr oder weniger stark färbende Flüssigkeiten, die sich allerdings nur wenige Tage halten. Ihre Färbekraft ist geringer als die von gekauften Farben und sie bleichen leichter aus. Dennoch lohnt sich das Experimentieren mit den feinen Naturtönen. Geben Sie die zerkleinerten Pflanzenteile in einen Edelstahl-Kochtopf und füllen sie mit Wasser auf, so daß sie gerade bedeckt sind. Nach einigen Minuten Kochzeit gießen Sie den Sud durch ein Küchensieb in Schraubgläser ab. Beeren werden roh mit einer Gabel zerdrückt und durch ein Küchensieb geseiht.

Für **Gelbtöne** kochen Sie Löwenzahnblätter, Zwiebelschalen oder Kamillenblüten. In kochendem Wasser gelöste Gewürze wie Currypulver und Kurkuma ergeben ein intensiveres Gelb. Zusätzlich duften die Farben entsprechend.

Helle **Grüntöne** erzielen Sie mit gekochten Blättern, gekochtem Gras oder Spinatsaft. **Rot** und **Lila** liefern zerquetschte Blaubeeren und Holunderbeeren sowie der Sud eingekochter roter Bete, ebenso in kochendem Wasser gelöstes Paprikapulver.

Ein intensives **Braun**, das auch zum Stoff- und Wollefärben benutzt wird, erhält man aus den grünen Außenschalen frischer Walnüsse. Sammeln Sie im Herbst einen Vorrat davon.

Die Schalen können auch getrocknet verwendet werden. Wenn Sie sie über Nacht in Wasser einweichen, erhalten Sie ein sattes Rotbraun. Werden die Schalen gekocht, wechselt der Farbton mehr zum Grau hin. Sehr starker Aufguß von Schwarzem Tee oder Rotbusch-Tee ist ebenfalls zum Färben zu gebrauchen. In Spezialgeschäften und Läden für Künstlerbedarf bekommt man exotische Färbehölzer und Pflanzenteile, die ähnlich wie die einheimischen Grundstoffe aufbereitet werden. Sie färben noch weit intensiver. Auch Naturfarben zum Ostereierfärben sind geeignet. Viele der hier abgebildeten Papiere sind mit Rot-, Blau- und Gelbholz und einheimischen Naturfarben gefärbt. Aber bedenken Sie: „Naturfarbe" bedeutet nicht, daß die Grundstoffe immer ungiftig sein müssen. Auch unter den gekauften oder gesammelten Pflanzenmaterialien sind gesundheitsschädliche Stoffe zu finden!

Schwarzer Tee · Blauholz · Rotbusch-Tee · Kaffee · Rotholz · Krappwurzel · Spinat roh/gek. · Curry-Pulver · Holunderbeeren, roher Saft · rote Bete, mit Schale gekocht, gerieben · Gelbholz · Walnußschale, roh · Karotten, roher Saft

# Papierbatik mit Kindern

Auch für diese Technik lassen sich Kinder leicht begeistern. Die flüssigen Farben erlauben einen wahren Farbenrausch und bringen schnelle Ergebnisse. Zum Batiken auch von größeren Formaten sind Tapetenreste sehr gut geeignet. Die Rückseiten sind ausreichend saugfähig. Aus dem dicken Papier lassen sich Schachteln und Bucheinbände falten. Zwar versichern die Hersteller von Batikfarben, daß ihre Produkte völlig ungiftig sind, dennoch sollten sie von kleineren Kindern nur unter Aufsicht verarbeitet werden. Noch spannender ist es für die kleinen Künstler, wenn sie die zuvor beschriebenen Naturfarben verwenden. Hier wird schon das Sammeln, Vorbereiten und Herstellen zum Vergnügen.

Eine reizvolle Vorarbeit: Lassen Sie die Kinder zum Verarbeiten der Naturfarben Pinsel aus natürlichen Materialien selbst anfertigen. Dazu werden Grasbüschel geschnitten und mit Schnur an Holzstöcke gebunden. Jedes Kind kann mehrere dieser Werkzeuge basteln.

Eine einfache Variante der Wachsbatik ist für Kinder ab dem Kindergartenalter geeignet: Mit einem Kerzenstummel, der wie Wachsmalkreiden fest über das Papier gezogen wird, werden Muster gezeichnet. Spannend ist dabei, wie wohl das „durchsichtige" Muster später aussieht. Achten Sie darauf, daß die Linien dick genug aufgetragen werden. Eine zweite Variante: Jedes Kind hat eine dicke brennende Kerze und läßt Wachs unregelmäßig oder in Mustern auf das Papier tropfen. Pergament- oder Butterbrotpapier als Unterlage für leuchtend warme Farben läßt sich sehr gut zu Laternen verarbeiten.

# Stempelpapiere

Kartoffelstempel sind bekannt und beliebt zum Gestalten größerer Papierflächen. Durch neue Farbkombinationen und dem aktuellen Geschmack angepaßte Formenwahl faszinieren die Ergebnisse immer wieder aufs neue. Neben Kartoffelstempeln finden Sie in diesem Kapitel auch ausgefallenere Druckmaterialien: Kork und Pappe für haltbarere

Stempel, Styropor für großflächige Muster und Gummi für sehr feine, detaillierte Ornamente.

## Was alles gebraucht wird

### Papier

Geeignet sind alle nicht zu dünnen Papiere mit glatter Oberfläche. Für Geschenkverpackungen bietet getöntes Packpapier einen guten Untergrund, ebenso Papier, das auf der Rückseite schon beschrieben ist, und sogar Zeitungspapier läßt sich verwenden. Je glatter die Papieroberfläche, desto gestochener wirken die aufgedruckten Ornamente.

Doch auch rauhe Papiere, die den Stempel nicht vollständig aufnehmen, sind reizvoll. Selbst edle Gras- und Japanpapiere mit ausgeprägter Maserung können bedruckt werden. Für Lampenbezüge aus diesen Materialien verwenden Sie lichtbeständige Tusche, die Sie genauso wie Wasserfarben verarbeiten.

### Stempel

Probieren Sie mehrere Materialien für Stempel aus: feste Kartoffeln, Korken von Sektflaschen, Reste von Styroporplatten (Wandverkleidungen, etwa 1–2 cm stark) mit glatter Oberfläche, Paketschnur, Einkochringe, Gummiringe, Radiergummis und Grau- sowie Wellpappe. Das meiste wird im Haushalt vorhanden sein.

## Farben

Je nach verwendetem Druck-
stempel benötigen Sie Wasser-
und Plakatfarben (für Kartoffel-,
Kork-, Schnur-, Styroporstem-
pel) oder ein normales Büro-
Stempelkissen (für alle Stempel
aus Gummi). Damit Sie bei
größeren Aktionen schnell arbeiten können, stellen Sie sich auch
für Wasser- und Plakatfarben
eine Art Stempelkissen aus mehreren Lagen Filz oder Loden her.
Der Stoff wird, passend zuge-
schnitten, in eine etwa hand-
große Plastikschale gelegt und
satt mit Farbe getränkt.

## Kleber

Mehrteilige Druckstöcke werden
aneinandergeklebt. Wenn Sie
besonders abriebfeste Muster
möchten, mischen Sie den verwendeten Wasserfarben einen
Tropfen Bastelleim bei.

## Schneidewerkzeuge

Zum Zuschneiden der einzelnen
Stempel brauchen Sie je nach
Material eine Schere, ein Bastelmesser (Cutter) oder ein kleines,
scharfes Küchenmesser. Für feinere Arbeiten an Radiergummi-
und Kartoffelstempeln ist auch
ein V-förmiges Schneidemesser
für Linolschnitt hilfreich.

## Pinsel

Zum Einstreichen der Druckfor-
men reichen normale Schul- oder
Borstenpinsel, wenn Sie nicht ein
Stempelkissen verwenden.

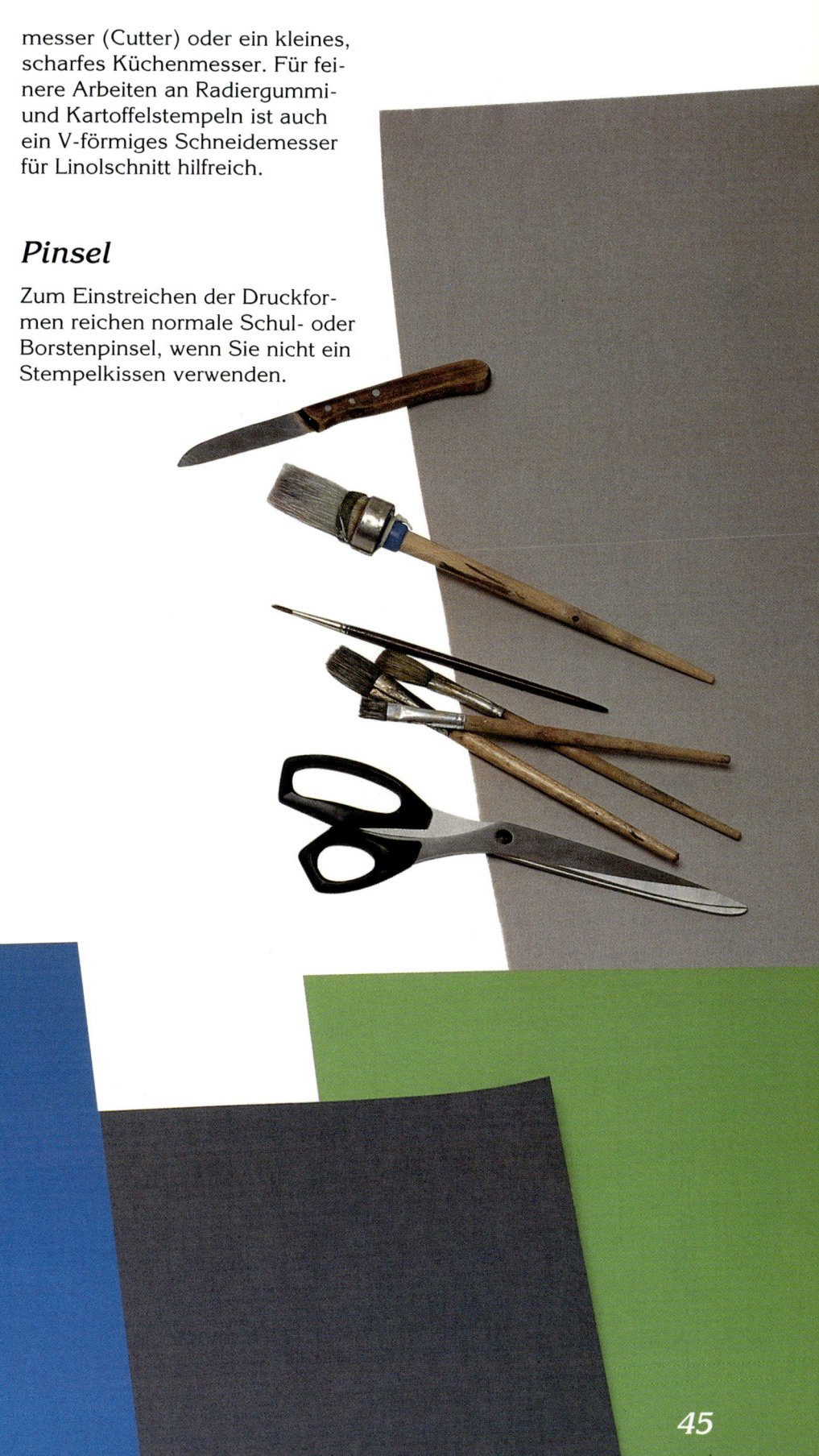

# Wie es gemacht wird

Nachdem Sie entschieden haben, welche Art von Mustern Sie drucken wollen, schneiden Sie sich Druckstöcke oder Stempel zurecht. Achten Sie beim Zuschneiden darauf, daß die Stempel noch genügend Festigkeit haben. Sehr feine Linien sind zwar mit Gummi-, nicht aber mit Kartoffelstempeln möglich. Zu berücksichtigen ist auch, daß die fertigen Drucke das Muster der Stempel spiegelbildlich wiedergeben. Denken Sie besonders bei Buchstaben und Zahlen daran! Breiten Sie das Papier auf einer glatten Lage Zeitungspapier aus und stellen Sie alle benötigten Utensilien bereit.

Zur Plazierung der Stempel gibt es mehrere Möglichkeiten. Normalerweise werden Sie die Stempel nach Augenmaß auf dem Papier verteilen. Wollen Sie dagegen eine exakte, gleichmäßige Anordnung, dann markieren Sie die Stellen mit Hilfe von Lineal und Bleistift dünn auf dem Papier. Messen Sie dazu Ihren Stempel ab und tragen Sie ein entsprechendes Raster auf dem Papier auf.
Färben Sie die Stempeloberfläche mit Pinsel oder Stempelkissen ein und drücken Sie den

Stempel aufs Papier. Sie beginnen als Rechtshänder in der linken, als Linkshänder in der rechten oberen Ecke. Arbeiten Sie Reihe für Reihe nach unten. So hantieren Sie nicht über den fertigen, noch feuchten Mustern und können sie nicht versehentlich verwischen.
Lassen Sie die fertigen Papiere trocknen. Wenn Sie eine leicht wasserabweisende Oberfläche wünschen, reiben Sie sie dünn mit Fußbodenwachs ein und polieren anschließend mit einem Lappen nach.

# Die Muster –
# und wie
# sie entstehen

## Kartoffelstempel

Halbieren Sie eine feste Kartoffel
mit einem scharfen Küchenmesser, so daß sich eine glatte,
ebene Fläche ergibt. Markieren
Sie auf der Schnittfläche das
gewünschte Muster: Kreise, Drei-
und Vierecke sind für den Anfang
am einfachsten. Kerben Sie die
Schnittfläche entlang der Umriß-
linien mit dem Messer schräg ein,
so daß nur die Fläche Ihres Or-
naments erhaben stehen bleibt.
Für differenziertere, linienförmige
Ornamente nehmen Sie auch aus
der Mitte mit einem schräg
gehaltenen Küchen- oder Linolschneidemesser Linien und
Flächen heraus. Die verbleiben-
den Stege dürfen nicht schmaler
als etwa 3 mm sein, sonst halten
sie den Druck beim Arbeiten
nicht aus.
Tupfen Sie die Schnittfläche mit
einem Lappen trocken. Färben
Sie den Stempel mit Pinsel oder
Stempelkissen ein. Drucken Sie
ihn gleichmäßig auf das Papier
ab, indem Sie ihn mit der ganzen
Fläche zugleich aufsetzen.
Sie können den Stempel zwischendurch jedesmal neu einfärben, damit alle Abdrucke gleich
aussehen. Meist wird aber zwei-
bis dreimal mit einem Farbauftrag gedruckt, die Farbgebung ist
dann unterschiedlich.
Mit Kartoffelstempeln läßt sich
nur eine begrenzte Anzahl von
Abdrucken durchführen (etwa
50), danach sind sie verbraucht.

## Korkstempel

Der Vorgang ist ganz ähnlich wie beim Kartoffelstempel. Das festere Material erfordert aber mehr Kraft beim Zuschneiden. Damit Sie beim Schneiden nicht mit dem Messer abrutschen (Verletzungsgefahr!), legen Sie Ihren Korken beim Bearbeiten am besten auf die Tischplatte. Kinder sollten nur unter Aufsicht schneiden! Wählen Sie anfangs einfache Formen!

Korkstempel können nach dem Drucken abgewaschen und immer wieder verwendet werden. Die Oberfläche ist nicht so glatt wie bei Kartoffeln, der Druck ist daher leicht strukturiert oder gemasert.
Kork- und Kartoffelstempel eignen sich nicht nur zum Bedrukken größerer Flächen, sondern auch für feine Briefpapierköpfe und ähnliches. Was liegt da näher, als ein Briefpapier-Set zu gestalten und die zugehörige Mappe mit passend bedrucktem Papier zu beziehen?

## Styropor

Reste von Styroporplatten oder -verpackungen mit glatter Oberfläche ergeben ausgezeichnete Druckstöcke auch für größere Flächen. Die Muster wirken durch die Körnung des Materials leicht gepunktet.

Schneiden Sie mit dem Bastelmesser eine oder mehrere vorher angezeichnete Formen aus. Wählen Sie für den Anfang wieder einfache Kreise oder Vierecke. Später können filigranere Muster folgen. Zur besseren Handhabung kleben Sie den Stempel nach Belieben auf feste Pappe oder Holz auf. Alle Teile liegen exakt gleich hoch. Streichen Sie die erhabenen Teile des Druckstocks mit Plakat- oder Wasserfarbe (dick anrühren!) ein. Pinseln Sie dazu gründlich hin und her, bis die ganze Oberfläche eingefärbt ist.

Legen Sie die Druckplatte aufs Papier und fahren Sie mehrmals fest mit der Hand darüber. Färben Sie das Styropor für jeden Druckvorgang neu ein.

49

## Schnur und Pappe

Bekleben Sie eine feste Pappescheibe mit Ornamenten aus Paketschnur oder ausgeschnittener Pappe. Streichen Sie dazu die Oberfläche der Pappe gleichmäßig mit Klebstoff ein und drücken Sie die Ornamente fest auf. Alle Teile müssen gleich hoch hervorstehen und dürfen sich nicht überlagern.

Pinseln Sie die Platte nach dem Trocknen mit dick angerührter Wasser- oder Plakatfarbe ein. Zum Drucken legen Sie sie mit dem Ornament nach unten aufs Papier und fahren mit einer Rolle (Linolrolle oder Nudelholz) darüber, damit das Muster sich gleichmäßig überträgt.

Eine interessante Variante sind gewellte Linien. Schneiden Sie ein Stück Wellpappe mit Hilfe eines Lineals gerade ab, so daß sich eine saubere Schnittkante bildet. Streichen Sie die Kante mit Plakatfarbe ein und drucken Sie die Leiste mehrmals ab.

## Gummi

Sehr feine Ornamente lassen sich in glatte Radiergummis schneiden. Markieren Sie auf der Oberfläche zunächst mit wasserfestem Stift die Flächen, die stehen bleiben. Schneiden Sie mit einem Linolschneidemesser die nicht druckenden Flächen aus. Sie werden sehen, wie genau sich

das Messer führen läßt. Die fertigen Stempel werden mit Hilfe eines normalen Stempelkissens abgedruckt.

Die zweite Möglichkeit für Gummistempel sind Muster aus dünnen Haushaltsgummi- oder Einkochringen. Schneiden Sie aus dicker Pappe Druckstöcke zurecht. Bestreichen Sie diese auf der ganzen Fläche mit Klebstoff. In den Kleber drücken Sie lauter gleich dicke Gummiabschnitte ein. Für exaktes Arbeiten zeichnen Sie das gewünschte Muster auf der Pappe vor, schneiden passende Gummistückchen zurecht und legen sie probeweise vor dem Kleben auf dem Tisch zusammen.

Auch dieser Stempel wird mit einem Stempelkissen eingefärbt. Wenn Sie die Pappe auf ein passendes Holzklötzchen aufkleben, läßt sich der Stempel leichter handhaben.

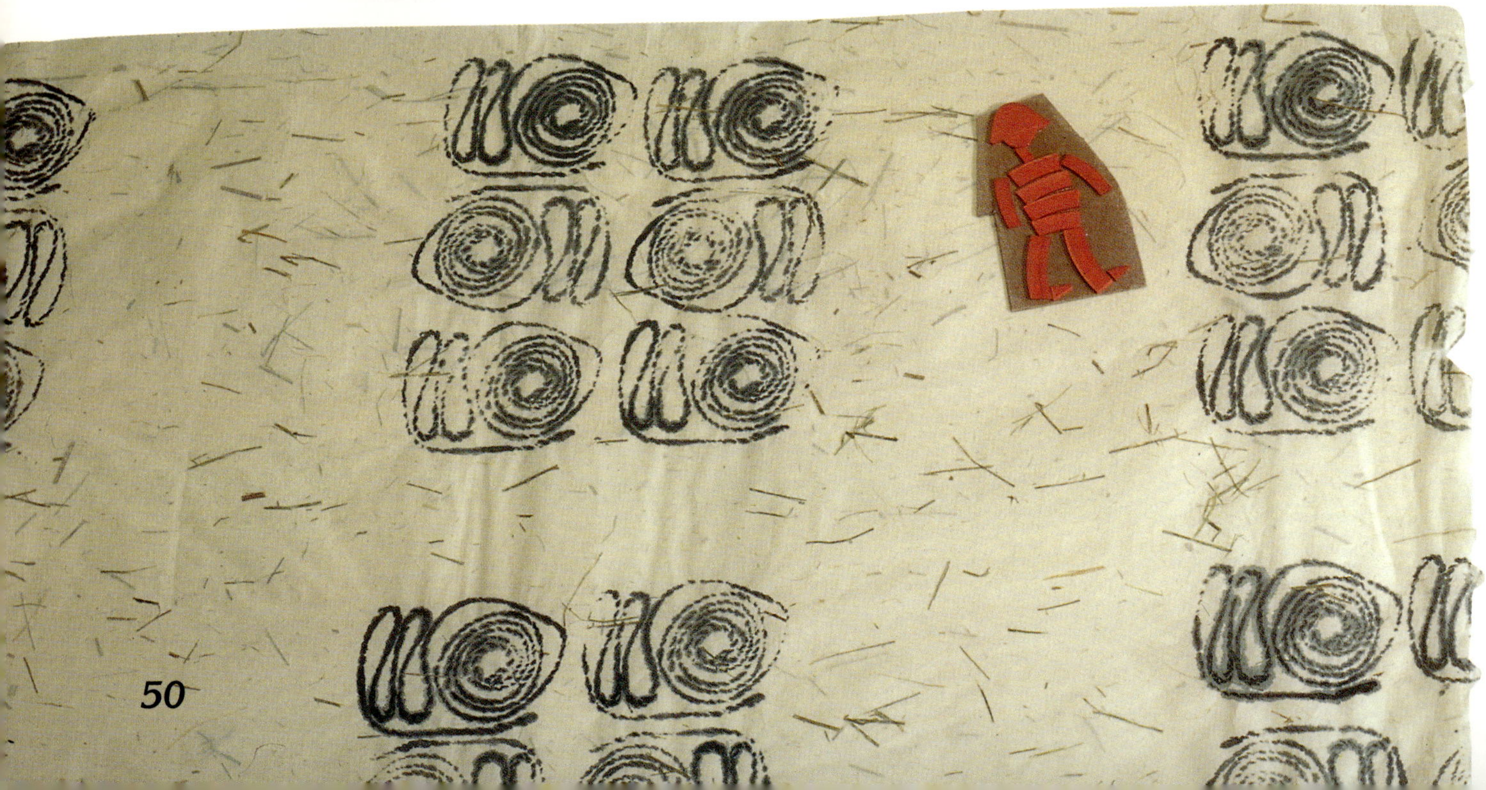

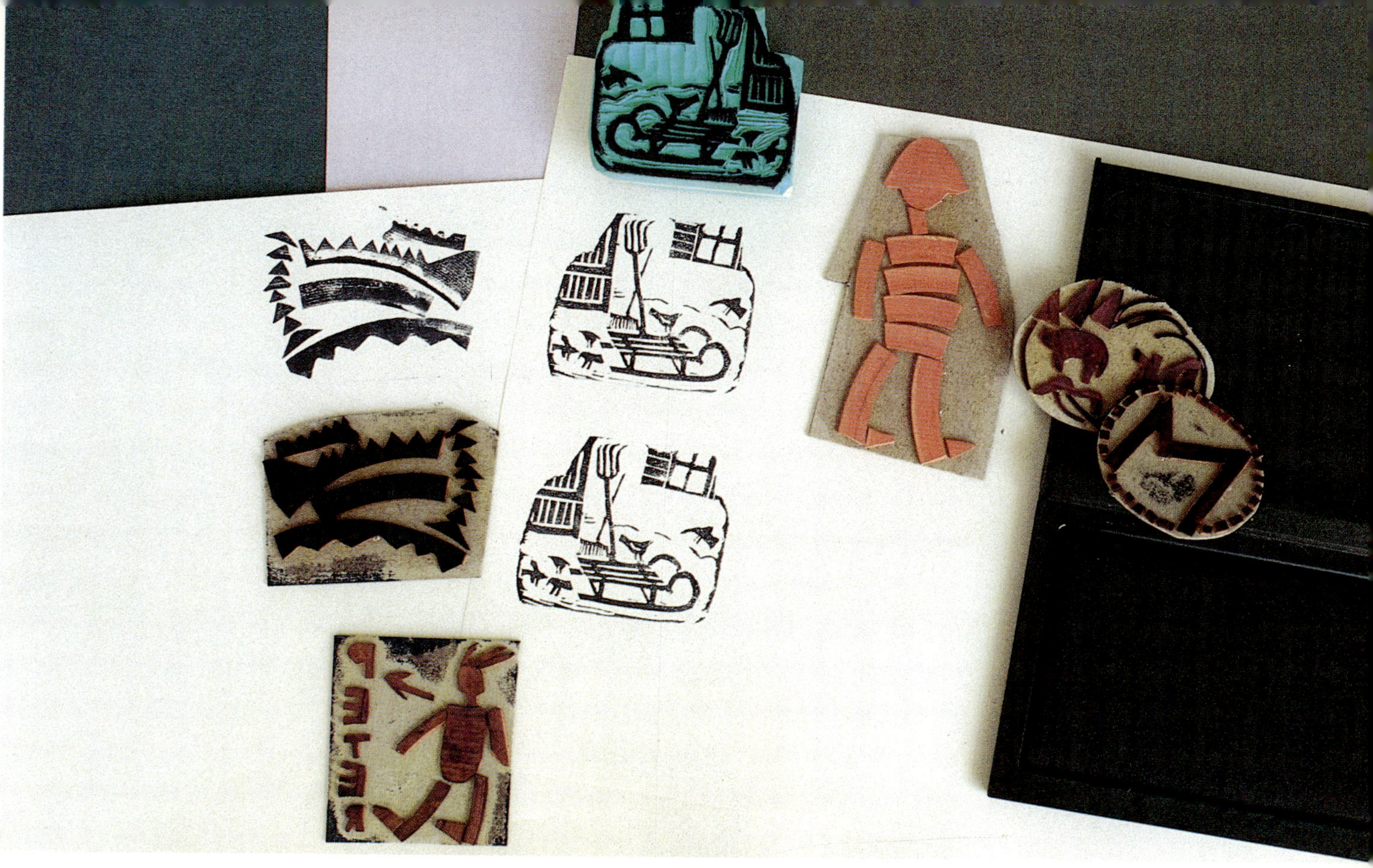

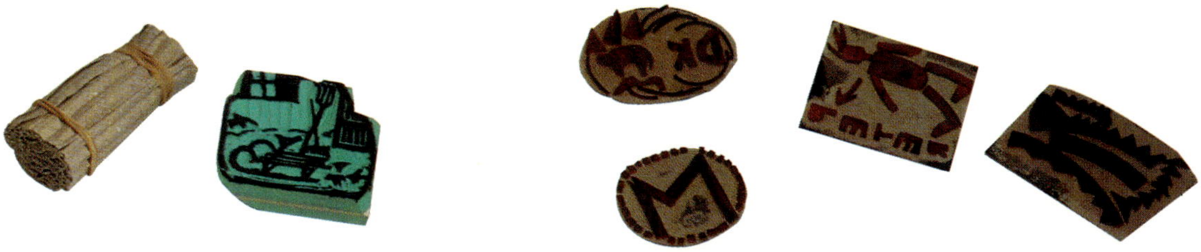

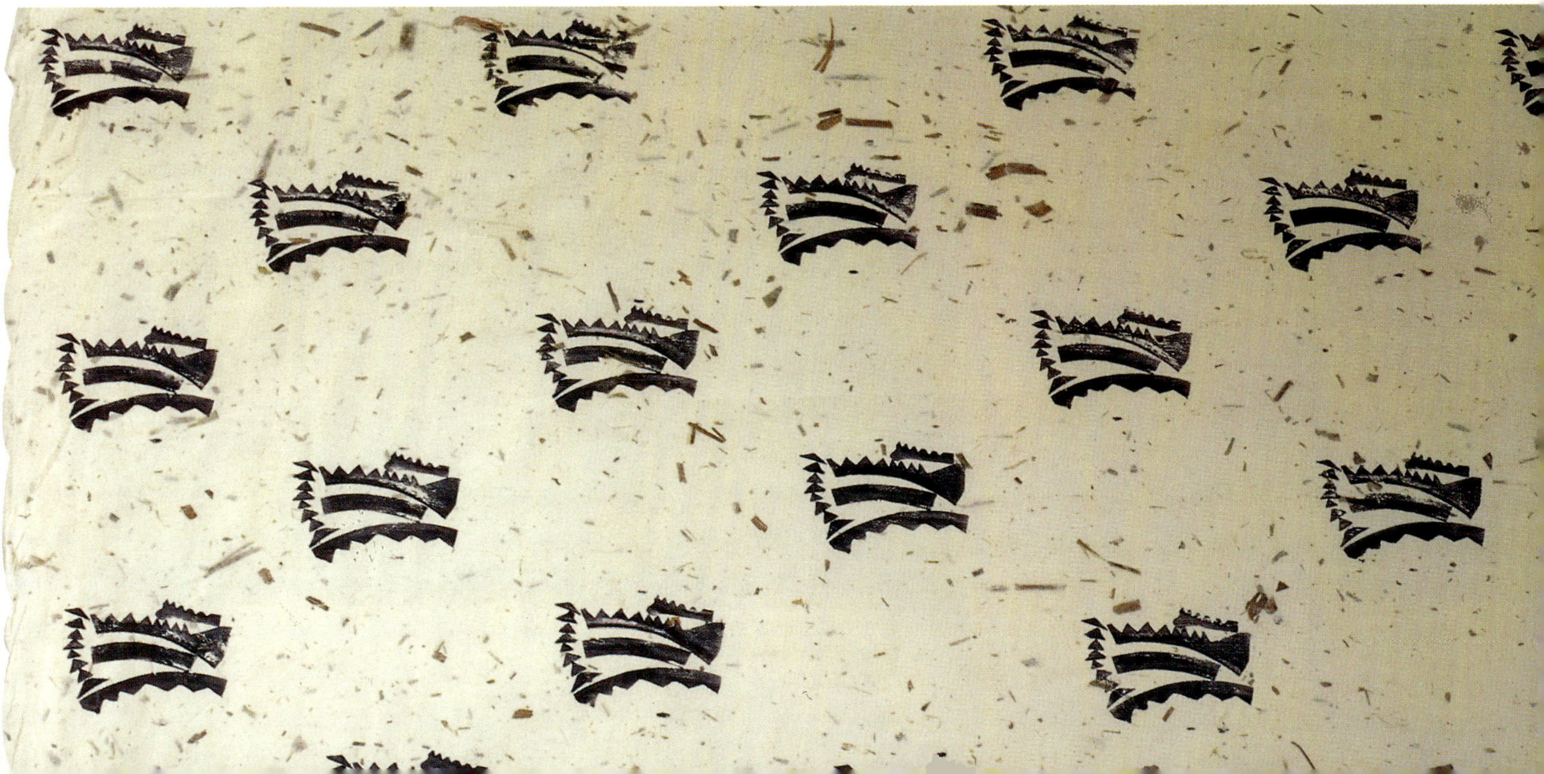

## Anordnung

Auch mit einfachsten Stempel-
formen lassen sich sehr unterschiedliche Muster gestalten. Verteilen Sie entweder einzelne
Abdrucke locker auf dem Papier,
oder stempeln Sie die ganze
Fläche gleichmäßig voll – mit
oder ohne Abstand zwischen den
Ornamenten. Setzen Sie die
Stempel in Reihen gerade oder
versetzt oder schachbrettartig
nebeneinander. Einfache Formen
wie Kreise und Dreiecke können
auch über- und ineinander
gedruckt werden.

## Farbgebung

Durch die Farbwahl erreichen Sie
vielfältige Variationen eines
einzigen Musters. So können Sie

alle Stempel gleich stark oder in
unterschiedlichen Schattierungen
in einer Farbe drucken, oder Sie
wählen mehrere kontrastierende

oder aufeinander abgestimmte
Farben. Kombinieren Sie erdige
Naturtöne oder grelle Komple-
mentärfarben miteinander.

# Stempeln mit Kindern

Kinder finden es eher anstrengend, eine ganze Fläche gleichmäßig zu bedrucken. Es entspricht nicht ihrem Schöpferdrang. Komplizierte Druckstöcke interessieren sie meist nicht. Für kleinere Kinder stellen Sie Kartoffel- oder Korkstempel selbst her. Einfache Formen wie Kreise, Vierecke, Blätter, Schuppen oder ähnliches sind am besten geeignet.

Die Kinder werden mit diesen Formen eher „malen", also ein größeres Bild zusammenbauen: z. B. aus lauter Kreisen eine Blüte, aus unterschiedlich großen Drei- und Vierecken die Silhouette einer Stadt. Sie können auch Umrisse eines Gegenstandes markieren und ihn mit bunten Stempeln füllen: z. B. einen Fisch mit lauter Schuppenformen oder eine Baumkrone mit Blattformen.

# Buntpapiere verarbeiten

Im letzten Teil des Buches finden Sie Anregungen, wie Sie selbstgemachte Buntpapiere sinnvoll verwenden. Selbstverständlich eignen sich die vorgestellten Techniken für alle traditionellen Bastelarbeiten mit Buntpapier. An Hilfsmitteln benötigen Sie vor allem Papierschere, Kleber (am besten Bastel- oder Buchbinderleim), Bleistift, Lineal, Geodreieck und eventuell Büro- und Wäscheklammern zum Zusammenhalten der frischen Klebstellen. Weitere Werkzeuge sind bei den jeweiligen Arbeiten genannt. Beim Beziehen von Mappen und Schachteln tragen Sie den Leim mit einem dicken Pinsel gleichmäßig auf der Papierrückseite auf, so daß die ganze Fläche bedeckt ist. Legen Sie das Papier jeweils von der Mitte aus an und streichen Sie es abschnittweise beim Aufkleben glatt, damit sich keine Wellen bilden. Die Klebearbeit sollte nach Möglichkeit gepreßt werden, damit das Papier glatt anliegt.

## Geschenkpapier

Aufwendig gestaltete Papierbogen sind eigentlich zu schade, um sie nur einmal zu verwenden. Ich sammle als Geschenkpapiere nicht ganz zufriedenstellend geglückte Arbeiten und auch kleinere Reste. Wenn sie mit Blüten, Blättern, Schleifen oder Luftballons kombiniert werden, ergeben sie ideale Geschenkverpackungen.

Speziell für Geschenkpapier können Sie auch kleine Farbreste aufbrauchen, die Sie auf Altpapier streichen – eine ebenso einfache wie wirkungsvolle Methode. Aus kleinen Papierresten entstehen effektvolle Geschenkanhänger und Glückwunschkarten.

# Tüten falten

Aus den Zeichnungen unten rechts ersehen Sie, wie Sie das Papier falten müssen. Legen Sie einen Papierbogen mit der bunten Seite nach oben vor sich hin und falten Sie alle dick gestrichelten Linien als Bergfalten. Klappen Sie den Bogen wieder auf und falten Sie die dünn gestrichelten Linien als Talfalten. An einer Seite lassen Sie eine dünne Leiste zum Zukleben stehen. Schneiden Sie die durchgehenden senkrechten Linien für den Boden ein. Falten Sie die Oberkante nach hinten um, die Sie dann ankleben.

Für den festen Boden werden die beiden quadratischen und eines der rechtwinkligen Bodenteile jeweils an der Oberseite mit Klebstoff eingestrichen und so übereinandergeklebt, daß das unbestrichene vierte Rechteck oben liegt. Wäscheklammern halten die Schichten zusammen, bis der Kleber trocken ist. Kleben Sie die seitliche Leiste von hinten am gegenüberliegenden Seitenteil fest. Auch diese Klebestelle wird bei Bedarf mit Klammern gehalten.

Mit einem Bürolocher oder einer Lochzange stanzen Sie Löcher in den oberen Rand und ziehen eine Kordel oder Schleife durch.

Sie können das Schnittmuster in beliebigen Formaten und Größen ausführen. Achten Sie nur darauf, daß die Bodenteile für die beiden Schmalseiten jeweils quadratisch sind.

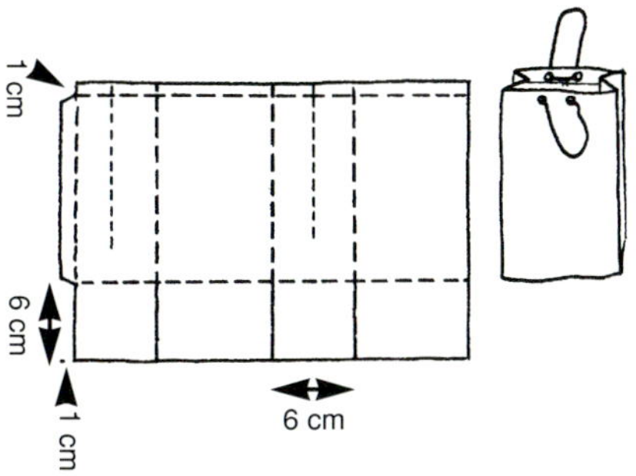

Zur Herstellung von Spitztüten zeichnen Sie mit Hilfe eines Tellers oder mit einem Zirkel einen Halbkreis mit zusätzlicher Klebeleiste auf die Rückseite Ihres Papierbogens (siehe Schema rechts). Schneiden Sie den Halbkreis aus, bestreichen Sie die Klebeleiste an der Außenseite mit Klebstoff, die Sie von innen gegen die gegenüberliegende Kante kleben. In den Rand stanzen Sie zwei Löcher und ziehen eine hübsche Schleife oder rustikale Schnur durch.

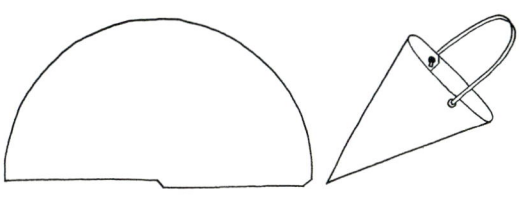

Besonders attraktiv wirkt die Spitztüte als Verpackung für Studentenfutter oder selbstgebackene Kekse. Wollen Sie klebrige Süßigkeiten darin verschenken, so legen Sie die Tüte innen mit Butterbrotpapier aus.

# Schachteln falten

Nach Falt- und Origami-Vorlagen lassen sich die unterschiedlichsten Schachteln und Kistchen herstellen. Feste Ton- und Tapetenpapiere ergeben die besten Resultate. Hier sind zwei einfach nachzuarbeitende Grundformen:

### Einfache Schachtel (mit Deckel)
○ quadratischen Bogen zurechtschneiden und mit der bunten Seite nach unten hinlegen;
○ diagonal entlang der gestrichelten Linien Talfalten knicken und wieder aufklappen;
○ entlang der durchgezogenen Linien einschneiden;
○ parallel zu den Einschnitten beide Ecken auffalten, so daß die Spitzen innen liegen;
○ die beiden Diagonalen, auf denen die Einschnitte liegen, hochfalten; mit Kreuzchen markierte, dick gestrichelte Abschnitte nach innen falten; Wände stehen jetzt rechtwinklig auf dem Boden;
○ verbliebene Ecken doppelt nach innen falten und über die bereits stehenden Wandteile schlagen; bis auf den Innenboden ist an allen Flächen die bunte Papierseite zu sehen;

○ Innenboden nach Belieben zusätzlich mit einem Papierquadrat verdecken.
Wenn Sie eine Schachtel mit Deckel wünschen, falten Sie das Schema zweimal aus Papierquadraten mit leicht unterschiedlicher Größe.

### Sechseckige Schachtel mit Rosette
○ Rosette für den Deckel sowie Seitenwände und Boden nach dem Schema rechts auf der Rückseite Ihres Papierbogens skizzieren und ausschneiden; Papier umdrehen;
○ Rosette entlang der gestrichelten Linien nach beiden Seiten falten;
○ Rechteck für die Seitenwände falten, an der Leiste von innen zusammenkleben und trocknen lassen;
○ Boden mit der bunten Seite nach unten mit den aufgestellten Falzleisten von innen in die sechskantige „Röhre" kleben; eventuell beschweren und mit Wäscheklammern halten, bis der Leim trocken ist;
○ aufgeklappte, vorgefaltete Rosette für den Deckel von innen gegen den oberen Rand der Schachtel kleben; die bunte Seite zeigt nach unten;

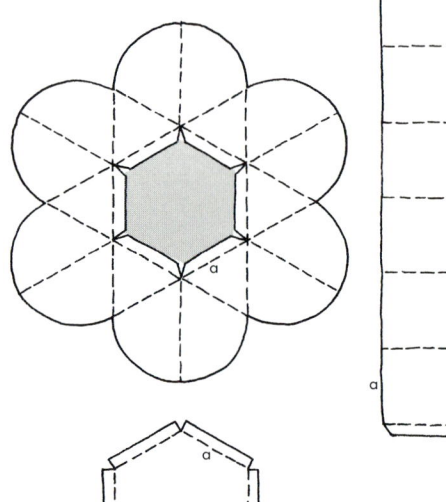

○ zum Schließen die Dreiecke nach innen klappen, so daß sich die Halbkreise in der Mitte zusammenfalten; sie werden in dieselbe Richtung umgelegt, so daß sich eine kleine Rosette bildet.

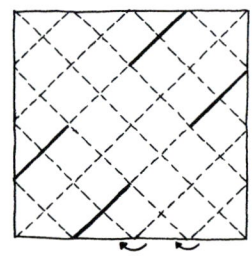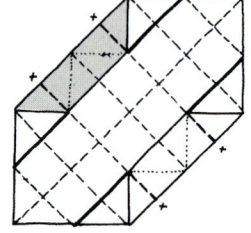

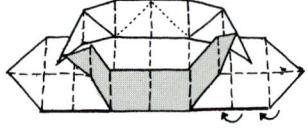

Wenn das verwendete Papier sehr dünn ist, hinterkleben Sie es vor dem Verarbeiten mit Tonpapier. Statt der Halbkreise können Sie auch flachere Kreisbogen oder ovale Formen wählen. Dann ergeben sich andere Rosettenformen.

# Kartons beziehen

Boden und Wände des Kartons werden ausgemessen. Zeichnen Sie ein entsprechendes Schema (siehe rechts) auf die Rückseite des Buntpapiers auf (Zugaben für Wandstärke und Klebeleisten nicht vergessen). Falten Sie alle gestrichelten Linien nach oben

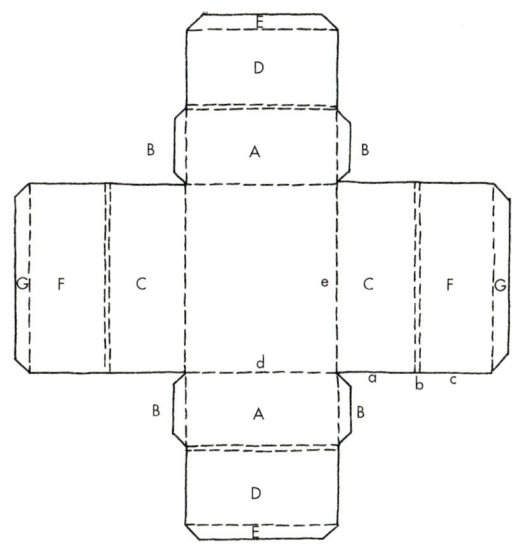

(Talfalten). Nun schneiden Sie Ihr Papierkreuz aus und legen es mit der bunten Seite nach unten auf eine Zeitung. Die Bodenfläche wird mit Leim eingepinselt und gegen den Boden der Schachtel geklebt; auch die Kanten müssen gut mit Kleister bedeckt sein. Auf dieselbe Weise kleben Sie die schmaleren Seitenteile einschließlich der Falzleisten an. Sie müssen das Papier gut glattstreichen, damit sich keine Luftblasen zwischen Papier und Karton festsetzen. Jetzt fehlen noch die breiten Seitenflächen und die Innenflächen der Schmalseiten. Sie werden einschließlich der Klebeleisten eingekleistert und ebenfalls festgeklebt; die Leisten liegen auf dem Kistenboden auf. Nach Belieben schneiden Sie ein passendes Rechteck für den Kistenboden zurecht und kleben es ein.

# Buchbinden

Alle beschriebenen Buntpapiere sind zum Buchbinden hervorragend geeignet. Da es Fachkenntnisse und eine entsprechende Ausrüstung erfordert, soll hier nicht näher darauf eingegangen werden. Wenn Sie Kleisterpapier in der Buchbinderpresse verwenden, legen Sie statt des sonst verwendeten Zeitungspapiers eine Plastikfolie oder ähnliches zwischen Einband und Presse, da das Kleisterpapier sonst ankleben könnte.

Aber auch mit wenig Übung können einfache „Bücher" aus fertig gekauften, billigen Notizbüchern angefertigt werden, wenn man nicht unbedingt Wert auf handwerkliche Perfektion legt.

Entfernen Sie zunächst vorsichtig das Vorsatzpapier, das innen direkt auf den Deckel und mit einem schmalen Streifen auf die erste Seite des Buchblocks geklebt ist. Wichtig ist, es vom Buchblock abzulösen. Auf der Innenseite des Deckels kann es notfalls kleben bleiben.

Für den vorderen und hinteren Buchdeckel schneiden Sie Buntpapier zurecht (siehe nebenstehendes Schema), das am

Rücken und an den Ecken jeweils einige Millimeter über den ursprünglichen Bezug hinausragt und an den Außenkanten etwa 2 cm größer ist als die Buchdeckel. Das Papier wird auf einer Unterlage aus Zeitungspapier von hinten gut eingekleistert. Kleben Sie es auf den Buchdeckel, biegen Sie die Kanten um und kleben Sie die Leisten innen fest. Streichen Sie alles gut fest und fahren Sie die Kanten nochmals nach.

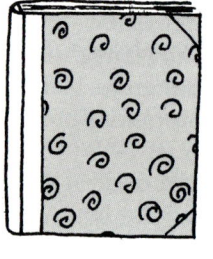
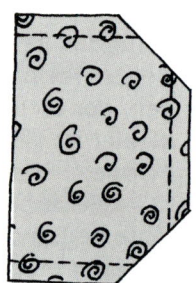

Der Einband muß zwischen Zeitungspapier (auch innen!) unter schweren Büchern oder in der Buchbinderpresse trocknen. Schneiden Sie in der Größe des ursprünglichen Vorsatzpapiers (angeklebte und lose Hälfte zusammen) zwei neue Papierbogen zurecht, die Sie in der Mitte knicken und innen am Buchdeckel über dem ursprünglichen Papier einkleben. An der Faltkante wird die lose Hälfte des neuen Vorsatzpapiers etwa 5 mm breit mit Kleister eingestrichen und vorsichtig festgeklebt, so daß die Verbindungsstelle zwischen Buchdeckel und Buchblock verdeckt wird. Zum Schluß wieder pressen, bis der Leim trocken ist.

# Passepartouts und Bilderrahmen

Schneiden Sie aus Pappe einen runden oder ovalen Rahmen, passend zum Bild. Der Ausschnitt ist etwas kleiner als das zu rahmende Bild. Außerdem benötigen Sie eine zweite, gleich große Pappscheibe ohne Ausschnitt.
Schneiden Sie Buntpapier zurecht, so daß es an allen Kanten etwa 2 cm über den Rahmen hinausragt. Das Buntpapier wird von hinten mit Leim eingepinselt und fest um den Rahmen geklebt; alle

Kanten gut nachfahren. Das Ganze pressen und trocknen lassen. Kleben Sie anschließend das Bild und dann die zweite Pappscheibe als Rückwand gegen den Rahmen. Dabei können Sie eine kleine Schlaufe oder Öse zum Aufhängen befestigen.
Der einfache Rahmen kann beliebig verfeinert und perfektioniert werden. Wenn Sie auf der Rückseite eine Papplasche ankleben, können Sie ihn auch aufstellen. Die einfache Ausführung eignet sich eher für Drucke, Fotos und Kinderzeichnungen, die nicht für die Ewigkeit gedacht sind. Edlere Werke, z. B. Stiche, gewinnen oft, wenn sie in einem Glashalter mit Rahmen sitzen, in den ein buntes Passepartout aus Kleister- oder Batikpapier eingepaßt wird. Dieses wird in Farbton und Musterung genau auf das Motiv abgestimmt. Auch etwas unscheinbare Bilder werden auf diese Weise zum interessanten Blickfang.

# Briefpapier

Briefköpfe und Umschläge werden mit kleinen Schnipseln von Buntpapierresten beklebt oder direkt bedruckt oder eingefärbt. Nach der rechts wiedergegebenen verkleinerten Schnittvorlage falten Sie Briefumschläge. Für die „Massenproduktion" schneiden Sie sich am besten eine Schablone aus dünnem Karton zurecht, die Sie bei Bedarf nur noch auf das Papier halten und mit Bleistift umfahren. Was liegt näher, als auch eine Briefmappe passend zum Papier zu gestalten? Versuchen Sie es mit einer der folgenden Varianten:

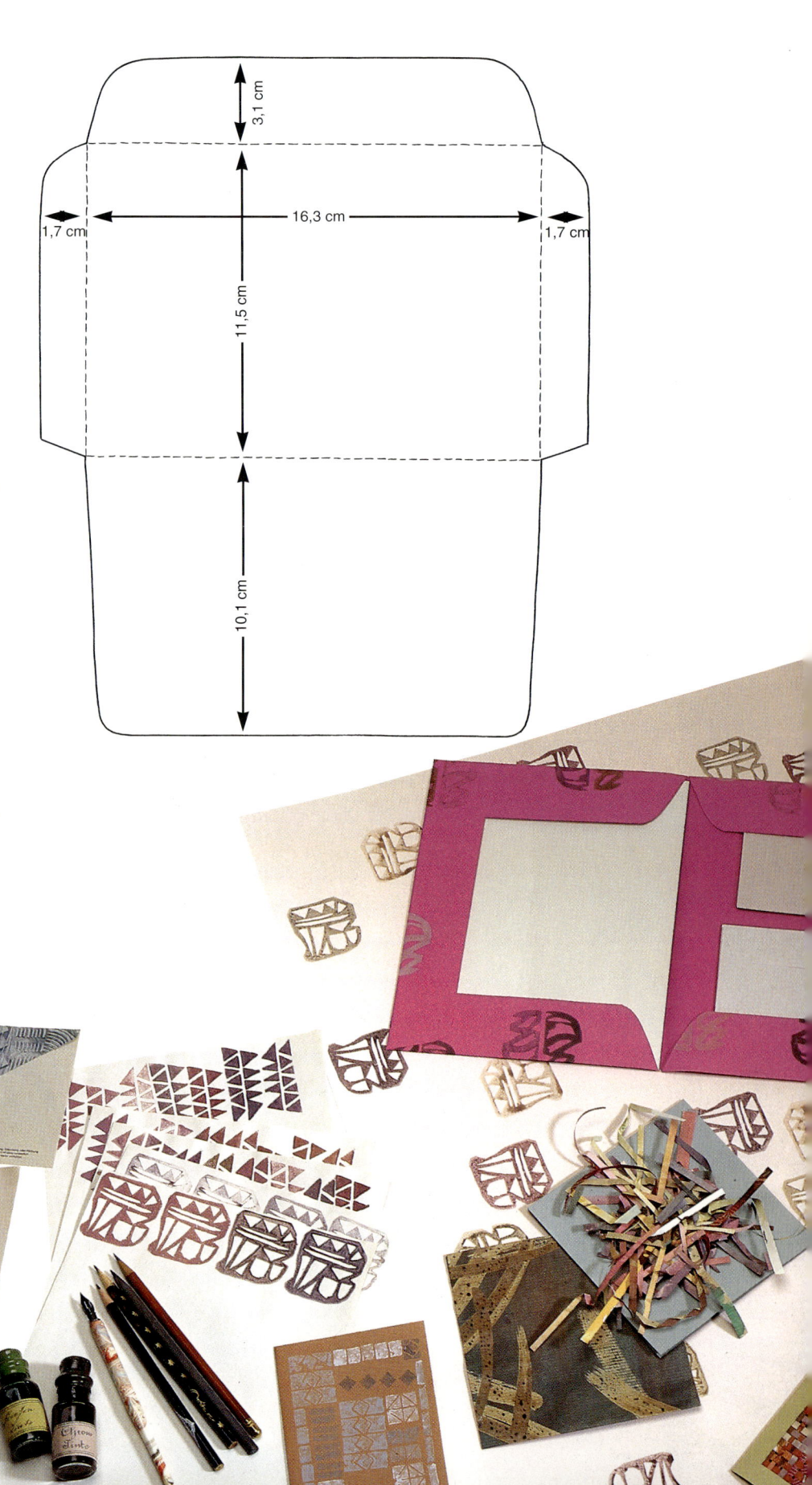